Eltern in Krippe und Kita gut informieren

Arbeitshilfen und Vorlagen
für den Einsatz digitaler Medien
in der Elternarbeit

Eltern in Krippe und Kita
gut informieren

Impressum

Lektorat: Lektorat Berlin, www.lektoratberlin.net
Gestaltung: Stefan Müssigbrodt, www.muessigbrodt.com
Illustrationen: Matthias Heyde, www.matthiasheyde.com
Druckerei: LASERLINE Digitales Druckzentrum Bucec & Co. Berlin KG

Gedruckt auf chlorfrei gebleichtem Papier

Bananenblau – Der Praxisverlag für Pädagogen
E-Mail: info@bananenblau.de
www.bananenblau.de

© Bananenblau 2017

ISBN 978-3-942334-49-5

Die Fotos wurden in den Klax Kinderkrippen Sonnenhaus und Regentropfenhaus, den Klax Kindergärten Wolkenhaus und Wirbelwind, sowie der Klax Vorschule Regenbogenhaus aufgenommen.

Antje Bostelmann, Christian Engelbrecht

Eltern in Krippe und Kita gut informieren

Arbeitshilfen und Vorlagen für den Einsatz digitaler Medien in der Elternarbeit

Inhalt

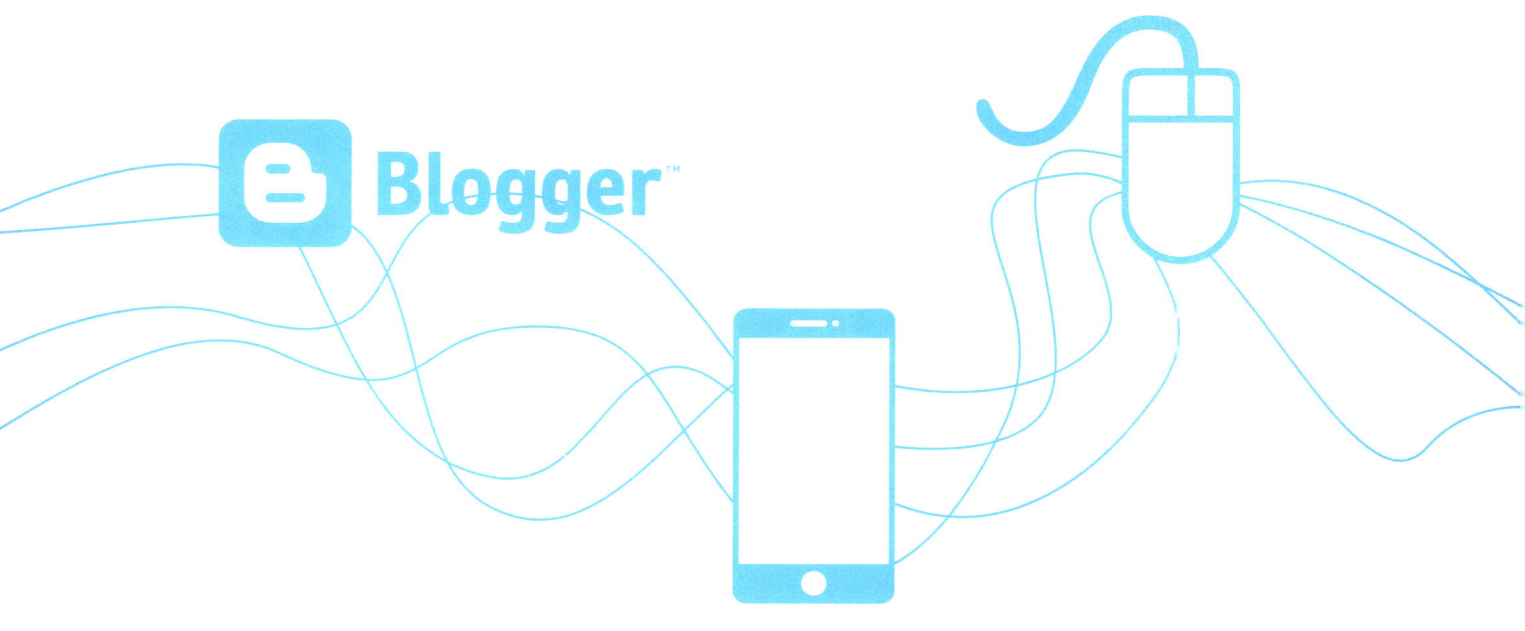

Vorwort

„Wie schön wäre es im Kindergarten, wenn nur die Eltern nicht wären ...“

Wie oft ist dieser Satz von Erzieherinnen[1] und Leitungskräften zu hören! Natürlich meint das niemand so ganz ernst, denn einen Kindergarten ohne Eltern kann sich keine Erzieherin vorstellen. Trotzdem zeigt dieser Satz, dass es auch nach 200 Jahren Kindergarten immer noch viele Probleme, Missverständnisse und Ungeschicklichkeiten im Zusammenleben von Erzieherinnen und Eltern in den Betreuungsinstitutionen gibt. Diese Situation wird durch immer komplexer werdende digitale Anwendungen und Möglichkeiten weiter verschärft. Die Elterninformation im Kindergarten wird technisch leichter, auf der Beziehungsebene gestaltet sie sich jedoch zunehmend schwieriger. Die häufig unklare rechtliche Situation macht es Erzieherinnen und Leitungskräften nicht einfacher.

Es gibt jede Menge Apps, Programme und digitale Funktionen, die es dem Kindergarten scheinbar erleichtern, die Eltern gut und zeitnah zu informieren. Dabei treten Fragen auf, die dringend beantwortet werden müssen:

- Wie sinnvoll ist es, Eltern über das Geschehen in der Kita quasi in Echtzeit zu informieren?
- Ist es rechtlich möglich, dass Eltern jederzeit auf die Fotodokumentation des Kindergartens zugreifen können?
- Wie werden Eingangsbereiche aussehen, wenn Tagesdokumentationen, Elternbriefe und Mitarbeitervorstellungen online stattfinden und damit schwarze Bretter und Aushänge entfallen?
- Wie gehen Kindergärten mit digitalen Anmeldetools um?
- Welche Arbeits- und Zeitersparnisse ermöglichen digitale Portfolios?

Diese und viele weitere Fragen bewegen Leitungen und Teams in Krippen und Kindergärten. In diesem Buch wollen wir darauf eingehen, indem wir die Unterstützungsmöglichkeiten von digitalen Anwendungen in der Elternzusammenarbeit aufzeigen. Dabei gehen wir auf Chancen und Risiken ein und räumen mit einigen hartnäckigen Mythen hinsichtlich des Datenschutzes auf.

Auch in diesem Buch bleiben wir unserem Grundsatz treu, dass digitale Medien in keinem Fall soziale Beziehungen ersetzen dürfen. Digitale Anwendungen haben als reine Ersatzhandlungen nichts in den Kindergärten zu suchen. Daher gehen wir bei all unseren Vorschlägen stets von einer vorrangigen zwischenmenschlichen Beziehung aus – wir wollen Digitales benutzen, um mehr Zeit für Eltern und Kinder zu haben.

Wie immer freuen wir uns, wenn Sie, liebe Leserinnen und Leser, uns ihre Meinung zu unserem Buch nicht vorenthalten und uns Feedback geben.

Antje Bostelmann und Christian Engelbrecht
Oktober 2016

---

1 Um den Lesefluss nicht zu behindern, haben wir im Fließtext meistens die weibliche Form gewählt. Es dürfen sich aber immer beide Geschlechter angesprochen fühlen.

Teil 1:

Elternarbeit im digitalen Zeitalter

So gelingt Elternarbeit im digitalen Zeitalter – Acht wichtige Grundsätze

In diesem Kapitel geht es um wichtige Grundsätze, die in der Zusammenarbeit mit Eltern Berücksichtigung finden müssen. Wir wissen, wie anstrengend es sein kann, mit vielen verschiedenen Menschen gemeinsam ein Ziel zu verfolgen: Das Gelingen des Kindergartenalltags für die Kinder. Die acht Regeln helfen Erzieherinnen und Leiterinnen, sich auf das Wesentliche zu konzentrieren. Die Digitalisierung bringt viele Erleichterungen mit sich, aber ebenso viele Risiken, mit denen Kindergärten umgehen müssen.

1. Elternzusammenarbeit ist wichtig

Elternzusammenarbeit ist das von Kindergartenteams am wenigsten geliebte Thema. Das liegt vor allem daran, dass es zwischen Erzieherinnen und Eltern immer wieder zu Konflikten kommt, unter denen beide Seiten leiden. Das Grundproblem liegt dabei häufig in der Kommunikation. Erzieherinnen leben die Kultur des Kindergartens mit all ihren Besonderheiten. Eltern dagegen stellen eine heterogene Gruppe dar, die unterschiedlichste Lebensstile, Verhaltensmuster und Anforderungen verkörpert. Hinzu kommt, dass die Aufgabe, welche die Gesellschaft dem Kindergarten zuschreibt, sich vor allem in den letzten Jahren stark verändert hat.

Die vom Staat eingerichtete Institution zur Betreuung von Kindern berufstätiger Eltern ist heute zu einem die Lebensqualität und das Lebensumfeld von Familien bestimmenden Faktor geworden. Es ist also kein Wunder, dass Eltern am Kindergartengeschehen teilhaben wollen! Erzieherinnen müssen sich klar machen, dass die Entwicklung der Kinder von Eltern und Einrichtung gleichermaßen beeinflusst wird. Kinder werden gleichermaßen in den Institutionen wie zu Hause groß. Da ist es nur natürlich, dass gemeinsame Verpflichtungen bestehen, Gemeinschaft gelebt und Verantwortung geteilt werden muss. Hier steht dem Kindergarten eine große Entwicklung bevor.

Besonders digitale Kommunikationskanäle verschärfen diese Situation. Während zum Beispiel in einem Kindergarten eine eher harmonische Atmosphäre zwischen Eltern und Erzieherinnen besteht, wird in den sozialen Netzwerken hemmungslos über genau diesen Kindergarten, einzelne Erzieherinnen, einen bestimmten Elternteil oder sogar über ein vermeintlich störendes Kind gelästert. Unvorteilhafte Fotos werden gedankenlos in Umlauf gebracht oder sollen der Online-Community Unterhaltung bieten. Wie geht man damit um? Sollen Leiterinnen sich hier einschalten? Sollen Pädagogen auf allen Kanälen dabei sein? Oder ist es besser, diese Dinge nicht zu wissen und gar nicht erst dabei zu sein? Auf solche Fragen gibt es noch keine klare Antwort. Kindergärten, Eltern und Träger müssen sich darum kümmern, für diese Problematik geeignete Regeln aufzustellen und diese auch zu praktizieren.

2. Elternzusammenarbeit ist ein Qualitätsmerkmal

Eines der wichtigsten Qualitätsmerkmale des Kindergartens ist das Gelingen der Zusammenarbeit mit den Eltern. Nicht umsonst steht in vielen Überprüfungsverfahren zur Kita-Qualität die Meinung der Eltern an erster Stelle. Das Maß, in dem Kindergärten die Anforderungen der Eltern erfüllen, entscheidet über Ruf und Ansehen der

Einrichtung. Dies ist eine große Herausforderung für Teams und Leitungen, stehen die Erwartungen und Wünsche der Eltern doch den strukturellen und pädagogischen Anforderungen der Institution Kindergarten gegenüber.

Eltern sind die Kunden des Kindergartens. Sie entscheiden, in welche Einrichtung ihr Kind gehen wird. Gefällt ihnen diese nicht, wählen sie eine andere. Viele Eltern haben kein grundlegendes Wissen über pädagogische Konzepte. An dieser Stelle wird es für Kindereinrichtungen schwer, ihr pädagogisches Fachwissen und ihr Konzept in den Vordergrund zu stellen. Dies hat zur Folge, dass in einigen Bundesländern Einrichtungskonzepte zugelassen werden, die voll und ganz auf Elternwünschen aufbauen. In diesen Einrichtungen ist gutes Aussehen eine Einstellungsvoraussetzung für die Erzieherinnen, der Friseur erscheint regelmäßig, mit den Kindern wird meist Englisch gesprochen, das Essen ist frisch und ökologisch und die Öffnungszeiten sind über alle Maßen flexibel. Wie in einem Eliteinternat wird den Eltern das Kind mit sämtlichen dazugehörigen Aufgaben abgenommen. Dafür wird viel Geld gezahlt. Mit Kita-Qualität hat das in den Augen von Pädagogen allerdings wenig zu tun.

Es wird an dieser Stelle deutlich, wie schwer es ist, die Elternwünsche und die pädagogische Grundhaltung der Betreuungsinstitutionen im Einklang zu halten. Ein wenig politische Unterstützung täte hier gut. Doch die immer wieder versprochenen bundesweiten Regelungen zur Qualität von Kindereinrichtungen bleiben aus.

Wer die Qualitätseinschätzung der Eltern zu ihrer Einrichtung kennen will, muss diese befragen. Elternbefragungen werden immer häufiger digital durchgeführt und ausgewertet. Die dabei entstehenden Daten entscheiden darüber, ob einer Kita hohe oder niedrige Qualitätswerte bescheinigt werden. Digitale Befragungen haben Vor- und Nachteile. Ein Vorteil ist ganz klar: Digitale Befragungen sind zeitsparend. Sie können – per E-Mail verschickt – jeden schnell erreichen, der eine E-Mail-Adresse hat. Die Daten sind sofort im Computer gespeichert und müssen nicht mühsam eingegeben werden.

Ein Nachteil besteht in der Ausblendung der sozialen Beziehung. Befragt man jemanden direkt, wird die Antwort oft anders ausfallen als eine schnell angeklickte negative Bewertung oder ein Kommentar, der anonym und ohne soziales Gegenüber auf einer Online-Umfrageplattform eingegeben wird. So kann es durchaus möglich sein, dass digital durchgeführte Befragungen schlechter ausfallen und in den Elternkommentaren hemmungsloser geschimpft und kritisiert wird, als es in einem direkten Gespräch der Fall wäre. Mit dieser Situation müssen Kindereinrichtungen umgehen lernen. Vor allem aber muss dieser Fakt von den Personen in den Trägern und Behörden berücksichtigt werden, die aufgrund von Befragungsergebnissen Entscheidungen zur Verbesserung der pädagogischen Qualität treffen werden.

3. Das Kind steht im Mittelpunkt der Elternzusammenarbeit

„Wir würden ja eigentlich gerne ganz anders arbeiten", sagen Erzieher häufig „aber die Eltern …!" Je nach dominierender Klientel sind die Handlungen, die Erzieherinnen gegen ihre Überzeugung ausführen, andere: Im Kindergarten mit traditionell orientierter Elternschaft werden Fensterbilder und Muttertagsgeschenke gebastelt, obwohl man sich doch längst einem kreativeren Konzept verschrieben hat. Die Kinder werden den Eltern zu liebe zum Mittagsschlaf angehalten. Im Bildungskindergarten löst ein wohlklingendes Angebot das nächste ab, obwohl laut Überzeugung der Erzieher ein durch Impulse bereichertes Freispiel viel mehr Wert für die Kinder hätte.

Oft orientieren sich die Erzieherinnen bei der Darstellung der Ergebnisse der eigenen Arbeit an den Wünschen der Eltern und verlieren dabei die Kinder aus dem Blick: Bei der Gestaltung des Portfolios hat die Erzieherin den erhofften Stolz in den Elternaugen vor sich, aber viel weniger die Wahrnehmung der Kinder, die eigentlich damit in erster Linie bestärkt werden sollen. Ein gutes Gefühl bei den Eltern erzeugen – dieses Ziel beeinflusst oft die Gestaltung scheinbar harmloser Momente am Tag. „Nachdem Sie gegangen sind, hat sich Luis schnell wieder beruhigt", heißt es dann, obwohl ein ehrliches Gespräch über eine gemeinsam veränderte Übergabesituation sinnvoller gewesen wäre.

Besonders schwierig wird es, wenn den Erzieherinnen klar ist, dass sich nicht alle Elternwünsche gut miteinander vereinbaren lassen: Statt klar Position zu beziehen, warum Töpfchen-Training oder Schnell-Eingewöhnung keinen Sinn machen, werden lieber windelweiche Formulierungen verwendet. Von „individuell auf Kinder- und Elternbedürfnisse abgestimmt" wird gesprochen und auch mal gegen die eigenen Überzeugungen verstoßen, wenn es doch nur darum geht, bloß nicht anzuecken.

Dabei ist es eigentlich ganz einfach. Die Elternzusammenarbeit sollte sich wie auch alle anderen Aktivitäten im Kindergarten an dem einzelnen Kind orientieren. Für die Eltern heißt das: Sie müssen einsehen, dass es um das eigene Kind geht und nicht darum, zum Beispiel dem Kindergarten einen neuen Essenslieferanter aufzuschwatzen.

Die Kommunikation der Erzieherinnen gegenüber den Eltern sollte sich stets auf das jeweilige Kind der angesprochenen Eltern beziehen und nicht darauf, was über den Tag so alles im Kindergarten schiefgegangen ist. Dies ist eine der wichtigsten Regeln, sobald digitale Medien in der Elternkommunikation eingesetzt werden. Dabei geht es nicht nur um den Datenschutz, wenn Erzieherinnen daran erinnert werden, mit den Eltern stets nur über das eigene Kind zu kommunizieren. Ist der Sinn und der Hintergrund zum Beispiel einer Tagesdokumentation nicht klar, kann es vorkommen, dass Eltern diese missverstehen und sich darüber beschweren, dass ihr Kind weniger häufig auf den Fotos zu sehen ist als andere Kinder. Sie werden sich darüber ärgern, dass ihr Kind auf der letzten Aufnahme ein schmutziges T-Shirt getragen hat oder mit ungekämmten Haaren abgebildet worden ist.

4. Eltern zeitnah und sinnvoll informieren

Die Dokumentationsarbeit im Kindergarten kann mit digitalen Medien stark vereinfacht werden. Wir schätzen, dass jede Erzieherin in der Woche bis zu zwei Stunden Zeit einsparen kann, wenn sie aktiv mit digitalen Medien dokumentiert. Hält man sich vor Augen, dass in den meisten Kindergärten im Büro der Leiterin ein Computer mit einem Drucker steht und sonst keine weiteren technischen oder digitalen Geräte in der Kita vorhanden sind, ist die Ausgangssituation für zeitsparende Dokumentationen noch nicht besonders gut – aber umso größer ist das Potenzial der Zeitersparnis. Die Erzieherin hat ihre Tagesdokumentation vielleicht mit einer Digitalkamera aufgenommen und muss nun warten, bis sie ein Zeitfenster im Büro erwischt, um die Fotos auszudrucken, auszuschneiden, ins Portfolio zu kleben und handschriftlich den Text zu ergänzen. Will sie das täglich für ihre durchschnittlich zwölf bis 15 Kinder tun, verbringt sie eine Menge Zeit mit dieser Tätigkeit.

Dies ist ein Hauptgrund dafür, warum in vielen Kitas eine kontinuierlich geführte Entwicklungsdokumentation für jedes Kind kaum möglich scheint. Bereits die Erstellung einer Tagesdokumentation in Form eines Aushangs oder Posters verbraucht viel Zeit und materielle Ressourcen, die eigentlich eingespart werden könnten. Es wäre sehr einfach, mithilfe eines Tablets oder Smartphones Fotos aufzunehmen und diese in einer App zu einem Poster inklusive Text zusammenzustellen. Diese Arbeit ist in Minuten erledigt, wird zum Drucker gesendet und das Poster zur Tagesdokumentation kann ausgehangen werden. Die Kinder könnten diese Aufgabe übernehmen, denn solche Apps sind kinderleicht zu bedienen.

Kindergärten, die sich auf den Weg machen, die digitalen Neuerungen sinnvoll im pädagogischen Alltag einzusetzen, können den Eltern versprechen, sie jeden Tag aktuell und zeitnah darüber zu informieren, was das eigene Kind gelernt, erlebt und den Tag über im Kindergarten getan hat. Wer ein solches Versprechen gibt, sollte sich unbedingt daran halten.

Bei aller Euphorie über die Zeitersparnis und die einfachen Abläufe muss jedoch einiges berücksichtigt werden. Die neue Technik verbindet eine ganze Reihe von Gerätschaften wie Kamera, Schreibmaschine, Aufnahmegerät usw. Daher gelingt die Erstellung von Berichten und Dokumentation schnell und einfach. Für den sinnvollen Inhalt bleibt jedoch der Mensch verantwortlich – zum Glück! Eine Tagesdokumentation wird nur dann zur Elternzufriedenheit beitragen, wenn sie den Eltern wichtige Information über das Lernen und die Entwicklung des eigenen Kindes vermittelt. Die Aneinanderreihung von zusammenhanglos ausgewählten Fotos verleitet Eltern zum Nachzählen, wie häufig das eigene Kind abgebildet ist und wie gut es auf dem Foto getroffen wurde.

Es ist sinnvoller, die gewonnene Zeit dafür zu nutzen, die Dokumentationen so aufzubauen, dass sie die Eltern mit auf die Entwicklungsreise des eigenen Kindes nehmen. Denn Lernen ist ein spannendes Abenteuer! Dies müssen Entwicklungsdokumentationen, Tages- oder Wochenrückblicke sowie Projektdokumentationen widerspiegeln.

5. Im Kindergarten kommunizieren Erwachsene erwachsen miteinander

Wer Eltern wie Kinder behandelt, muss sich leider nicht wundern, wenn diese sich dementsprechend wie Kinder benehmen. Erzieherinnen sind es gewohnt, auf Kinder einzuwirken. Ihr Arbeitsumfeld ist kindlich geprägt, die Möbel klein, und das Material in den Räumen hat nichts mit dem Erwachsenenleben der Pädagogen zu tun. In vielen Kindergärten gibt es häufig nicht einmal einen Raum, in dem Erzieherinnen auf erwachsene Art und Weise arbeiten, sich ausruhen oder miteinander ins Gespräch kommen können. Viele Erzieherinnen ziehen sich in den Kindergarderoben um. Dieses wenig erwachsene Umfeld führt am Ende schnell dazu, dass kindliches Verhalten auch dann die Oberhand gewinnt, wenn es nicht angemessen ist. Deshalb lautet ein wichtiger Grundsatz: Bei der Elternarbeit muss man stets auf der Erwachsenenebene bleiben!

Zum Elternabend werden den Eltern die Kinderstühle hingestellt. Diese fühlen sich sofort an die eigene Kindheit erinnert und reagieren auf die wohlmeinende Erzieherin vor ihnen ähnlich wie früher auf die Lehrerin in der Grundschule. Es wird gequatscht und dazwischen geredet. Die Erzieherinnen wundern sich dann über das Verhalten der Eltern, machen sich aber nicht bewusst, dass sie es selbst zu einem großen Teil ausgelöst haben. Dass sie selbst eine Veränderung der Situation, zum Beispiel durch eine erwachsene Raumgestaltung, herstellen könnten, kommt vielen Erzieherinnen gar nicht erst in den Sinn.

Kitas sind, ihrem äußeren Eindruck nach zu urteilen, oftmals quietschbunte Kinderhäuser, in denen Erwachsene gar nicht vorkommen. Trotzdem wird von Eltern erwartet, dass sie in all dem bunten Allerlei die Einladung zum Elternabend zur Kenntnis nehmen und der Erzieherin, die sich auf einem mit Marienkäfern und Blumen übersäten Poster als Lilli vorstellt, mit Respekt begegnen.

Die Idee, Kinderkommunikation und Erwachsenenkommunikation zu trennen, ist vielen Kindereinrichtungen noch gar nicht gekommen. Es würde allerdings einen großen Schritt hin zu einer modernen Elternzusammenarbeit bedeuten, wenn sich Erwachsene auch in Kindereinrichtungen als solche benehmen und als solche angesprochen werden würden. Die Anforderungen an die Beziehungsqualität in einem Kindergarten wären dadurch besser erfüllt.

Die vielen Möglichkeiten der digitalen Kommunikation erschweren das Befolgen der oben genannten Ratschläge noch einmal deutlich. Achtung, liebe Leitungen und Erzieherinnen: Euer im Netz verbreitetes Privatleben ist von vielen Menschen einsehbar und somit auch von Eltern. Diese Eltern haben es sich inzwischen angewöhnt, die von der Leiterin im aktuellen Elternbrief vorgestellte neue Erzieherin erst einmal zu googeln oder sogleich eine Facebook-Freundschaftsanfrage zu versenden. Dabei sollten sie besser keine albernen Partyfotos, seltsam gekleidete Mädchen im zweideutigen Situationen oder noch viel schlimmere Dinge vorfinden. Ein Perspektivenwechsel macht dies offensichtlich: Wie würden Sie eigentlich reagieren, wenn sie den von der Leiterin angekündigten neuen Erzieher Ihres Kindes als gruseliges Monster verkleidet oder gar nackt im Internet finden? Mit Sicherheit würden einige Eltern die Kita wechseln. Respekt vor dem pädagogischen Fachwissen hätten die Eltern vor solchen Personen wahrscheinlich nicht mehr. Das Vertrauen ist zerstört, bevor es überhaupt aufgebaut werden konnte.

6. Eltern ernst nehmen

Eine gute Beziehung zwischen Eltern und Erzieherinnen in Kindereinrichtungen ist die beste Voraussetzung für eine gute Elternzusammenarbeit. Elternzusammenarbeit ist Beziehungsarbeit und wird nur dann gelingen, wenn beide Seiten daran sich intensiv beteiligen. Allerdings kann sich die Einrichtung nicht darauf verlassen oder gar darauf warten, dass sich ausschließlich die Elternseite bemüht. Das Gelingen der Elternzusammenarbeit ist eine Notwendigkeit, die durch die Einrichtung garantiert werden muss.

Dies hängt mit dem Bild einer modernen pädagogischen Fachkraft zusammen, die wir so beschreiben: Erzieherinnen sind qualifizierte Fachkräfte, die über die Entwicklung der Kinder, die Methoden zur Begleitung von Kindern in Kindereinrichtungen, die Organisation des Kindergartens und die daraus folgenden Regelungen und Verabredungen sehr gut informiert sind und dies alles gegenüber den Eltern glaubwürdig vertreten können.

Dabei ist es besonders wichtig, die Eltern sehr ernst zu nehmen. Die Pädagogen sollten davon ausgehen, dass Eltern sich im Kindergarten nicht auskennen. Sie müssen den Kindergarten erst kennenlernen und sind dabei darauf angewiesen, von den Pädagogen gut begleitet zu werden. Der Tagesablauf, die Rituale und Regeln im Kindergarten müssen erläutert und erklärt werden. Dabei ist Klarheit und Transparenz wichtig. Die Regeln soll-

ten von allen Mitgliedern des Teams auf gleiche Weise erklärt und auch selbst befolgt werden. Die Begründung für die Regeln sollten dabei natürlich alle kennen und vor allem überzeugend erklären können, ohne zum Beispiel auf ein fragwürdiges und kaum überzeugendes Argument wie „Das will unser Träger so!" zurückzugreifen. Stattdessen ist für die Gesprächsführung mit den Eltern eine sachliche und pädagogisch nachvollziehbare Begründung viel zielführender – und nicht etwa der Verweis auf eine mächtige Autorität im Hintergrund. Nichts ist schlimmer als ein Team, in dem sich einige Pädagogen nicht an wichtige Regeln wie zum Beispiel ein Süßigkeitenverbot halten oder an die Eltern kommunizierte Rituale wie zum Beispiel den Morgen- oder den Abschlusskreis nicht regelmäßig durchführen. So macht man sich unglaubwürdig. Wer Nachfragen zu Regelungen einfach damit beantwortet, die Leitung oder der Träger hätte es leider verboten, verhindert Transparenz und beschädigt das Vertrauen, welches zwischen den Akteuren in einer Kindereinrichtung so dringend notwendig ist.

Kindergartenteams sollten sich darin einig sein, welche Informationen sie an Eltern weitergeben und welche nicht. Allerdings fällt es Erzieherinnen oft schwer, auseinanderzuhalten, welche Informationen für welchen Personenkreis geeignet sind. Hier hilft ein einfaches Bild: Stellen wir uns vor, wir sind in einem Theater. Vorne auf der Bühne läuft ein Stück, welches das Publikum gerne sehen möchte, auf das es sich lange gefreut hat und dafür extra lange auf den Beginn des Vorverkaufs warten musste. Hinter der Bühne geht alles drunter und drüber. Eine Schauspielerin ist krank, der Schlüssel zum Technikschrank ist nicht zu finden und zwei Balletttänzerinnen haben sich zerstritten und weinen nun bitterlich. All das möchte das Publikum nicht wissen. Daher ist es gut, dass vor der Bühne alles reibungslos klappt, kleine Pannen überspielt werden und dadurch nicht weiter auffallen.

In der Kita ist es ähnlich. Es gibt viel zu tun, damit die Kinder einen schönen und erlebnisreichen Tag erfahren und die Eltern diese zufrieden abholen können. Damit dies funktioniert, müssen

Alltagsherausforderungen wie die Krankheit einer Kollegin, das verspätete Mittagessen oder die Probleme mit dem Drucker auch in einer Kita hinter der Bühne gelöst werden.

In der digitalen Informations- und Kommunikationswelt wird es nun noch schwerer, auseinanderzuhalten, was sich vor und was sich hinter Bühne abspielen soll. Erzieherinnen, die voller Stolz die neuesten Fotos vom Ausflug im Internet posten, sollten genau hinschauen, welche Informationen mit diesen Fotos weitergegeben werden. Die Abbildung eines Kindes, welches auf dem Foto trotz strahlenden Sonnenscheins keinen Sonnenhut auf dem Kopf hat, kann zu heftigen Diskussionen im Netz und zu schweren Auseinandersetzungen mit den Eltern führen. Da hilft es dann auch nicht, später in einem Kommentar einzuwenden, dass der Hut doch nur diesen Moment nicht auf dem Kopf des Kindes war und dies vielleicht sogar mit anderen Fotos zu belegen. Die Diskussion wird fortgesetzt werden, ein Klima des Vertrauens ist schnell gestört. Die Kindergärten benötigen Regeln für die Elternzusammenarbeit in der digitalen Welt. Diese zu erarbeiten, einzuführen und dann vor allem auch zu leben, bedeutet für beide Seiten eine ganze Menge Arbeit.

7. Daten schützen und gut zusammenarbeiten

Der Datenschutz wird in vielen Kindereinrichtungen heftig diskutiert. Dies geschieht leider häufig auf der Basis von fehlendem oder mangelndem Fachwissen, Fehldeutungen und Geschichten, die wie urbane Mythen von Erzieherin zu Erzieherin weitergegeben und dabei immer mehr modifiziert werden: „Der Onkel des Freundes meiner Freundin hat neulich erzählt ...". Dabei fällt uns auf: Viele Kindergärten nutzen das umstrittene Thema Datenschutz auch, um unliebsame oder vermeintlich zeitaufwändige Tätigkeiten wie zum Beispiel die Entwicklungsdokumentation nicht durchführen zu müssen oder unliebsame Entwicklungen wie die Benutzung digitaler Medien aus dem Kindergarten fernzuhalten.

Datenschutz

Das Grundgesetz gewährleistet jeder Bürgerin und jedem Bürger das Recht, über Verwendung und Preisgabe der persönlichen Daten zu bestimmen (Grundrecht auf informationelle Selbstbestimmung). Geschützt werden also nicht Daten, sondern die Freiheit der Menschen, selbst zu entscheiden, wer was wann und bei welcher Gelegenheit über sie weiß.

Quelle: Internetseite „Die Bundesbeauftragte für den Datenschutz und die Informationsfreiheit"

Im Kindergarten bedeutet dies erst einmal nichts anderes, als die personenbezogenen Daten der Kinder und Erwachsenen sicher aufzubewahren und diese keinem Unbefugten zugänglich zu machen. Dies betrifft vor allem die Aufbewahrung der Kinderakten im Büro der Leiterin.

Leider wird gegen diese Auflage in deutschen Kindereinrichtungen millionenfach verstoßen. Geburtstagskalender, die neben dem Foto des Kindes, Vor- und Nachnamen und außerdem noch das Geburtsdatum preisgeben, sind das wohl am weitesten verbreitete Datenschutzproblem. Hätten Sie das gewusst, liebe Leitungen und Erzieherinnen? Der vollständige Kindername, der zusammen mit dem Porträtfoto des Kindes an der Garderobe angebracht wird, ist genauso problematisch wie öffentlich ausliegende Anwesenheitslisten oder in offen zugänglichen Elternbriefkästen befindliche Rechnungen und vieles andere mehr.

Interessant ist dabei, dass das Thema Datenschutz die Akteure des Kindergartens solange kaum berührt hat, bis die digitalen Medien das Leben der Menschen zu verändern begannen. Plötzlich berichten Erzieherinnen davon, dass es ihnen verboten ist, mit dem Handy im Kindergarten zu fotografieren, denn das verstößt angeblich gegen den Datenschutz. Eltern akzeptieren die offen herumliegenden Kinderanwesenheitslisten wehren sich aber gegen die im Kindergarten neu eingeführte digitale Anwesenheitserfassung der

Erzieherinnen und Kinder und begründen dies damit, dass sie sich Sorgen um den Schutz der Daten machen.

Das Fotografieren in Kindergärten war jahrzehntelang eine absolute Selbstverständlichkeit, von der Eltern zu jedem Anlass rücksichtslos Gebrauch gemacht haben. Das Recht auf den Schutz des eigenen Bildes bestand bereits damals. Heute wird mit diesem Recht gespielt und gehandelt. Eltern tragen ihren Ehezwist damit aus, das abwechselnd das eine oder das andere Elternteil dem Kindergarten verbietet, die Fotos des Kindes zu benutzen. Manche Eltern verlangen Geld vom Kindergarten, will die Leiterin ein Foto der Kindergruppe für eine Projektveröffentlichung in der Regionalzeitung benutzen. Kommt die Presse in den Kindergarten, wird ein unglaublicher Verwaltungsaufwand mit Fotoerlaubnissen betrieben, bevor überhaupt ein Artikel entstehen kann. Gleichzeitig posten Eltern aber Fotos und Videos von ihren Kindern zum Beispiel auf Facebook oder Instagram, vermarkten ihre Kinder wie neue Stars auf YouTube oder Snapchat. Von ernsthaften Datenschutzbedenken ist nun plötzlich keine Spur mehr.

Was sind die tieferen Ursachen für solch widersprüchliches Verhalten? Viele Menschen fühlen sich der zunehmenden Digitalisierung noch nicht gewachsen, sie sind irritiert oder fürchten sich sogar. Dies trifft natürlich auch auf Erzieherinnen und Eltern zu. Beide Seiten müssen nun lernen, mit dieser neuen Situation gut umzugehen und sich dabei gegenseitig zu unterstützen. Und natürlich ist es wie bei jedem Wandel: Es ist ein ebenso achtsamer wie gelassener Umgang angebracht. Weder Dämonisierung noch grenzenlose Hysterie helfen hier weiter.

8. Die gewonnene Zeit für zwischenmenschliche Beziehungen nutzen

Eine wichtige Regel lautet: Wird ein zuvor zwischenmenschlich abgehandelter Vorgang digitalisiert, muss die frei werdende Zeit für die Intensivierung menschlicher Beziehungen genutzt werden.

Im Kindergarten geht es um Beziehungen. Die Qualität eines Kindergartens hängt ganz stark von der Beziehungsarbeit der Akteure ab. Wie intensiv kann die Beziehung zwischen den Kindern und der Erzieherin gestaltet werden? Wie gut gelingt die Beziehungsarbeit zwischen Eltern und Pädagogen? Diese Kernfragen stehen im Mittelpunkt. Durch die Digitalisierung von Prozessen wird Zeit gewonnen, mit der sorgfältig umzugehen ist. Es wäre fatal, würde eine Kita die Kinder mit Vorlese-Apps und digitalen Lernspielen beschäftigen, um mehr Zeit für Verwaltungsarbeit zu gewinnen. Umgekehrt wird ein Schuh draus. Verwaltung sollte digitalisiert werden, damit Zeit gewonnen wird, die dem Zusammensein von Kindern und Pädagogen zugutekommt. Auch in der Zusammenarbeit mit den Eltern muss beim Einsatz digitaler Medien gründlich nachgedacht werden. Läuft die Kommunikation nur noch digital und wird deshalb auf die Rituale persönlicher Begegnung verzichtet, schadet dies der Beziehung. Die durch digitale Tagesrückblicke und Portfolios gewonnen Zeit sollte lieber dafür genutzt werden, ein Tür- und Angelgespräch mehr zu führen oder ein zusätzliches Elternfest zu organisieren.

In diesem Kapitel beziehen wir uns auf das Buch „Gute Kita gemeinsam gestalten. Ein Buch über Qualität für Eltern und Erzieher" (Bananenblau 2015), welches wir zum Weiterlesen empfehlen möchten.

Darauf achten

Im Netz ist keiner allein

■ Pädagogen wissen, dass sie in den sozialen Medien auch den Eltern aus ihrer Einrichtung begegnen und berücksichtigen dieses bei der Auswahl ihrer Posts und Statements.

Das Internet vergisst nicht

■ Pädagogen sollten stets gründlich überlegen, was sie über sich selbst oder über die Einrichtung posten. Es könnte bei anderen ganz anders ankommen, als es gemeint ist. Kita-Teams sollten sich darauf einigen, sich niemals über dienstliche Themen und Auseinandersetzungen im Netz auszubreiten.

■ Mobbing von Teammitgliedern, Eltern oder Kindern im Netz muss von Leitungspersonen oder Trägern genauso geahndet werden wie im realen Leben. Besser wäre es, Mobbing im Netz von vornherein zu verhindern.

Regeln aushandeln und einhalten

■ In der Kita sollte zwischen Eltern und Pädagogen ein Wertegrund für den Umgang mit digitalen Medien ausgehandelt und gelebt werden.

■ Alle Erwachsenen sprechen sich als Erwachsene an und agieren erwachsen und dies gilt im realen Leben genauso wie in der virtuellen Welt.

Ersatz ist Quatsch

■ Digitale Medien sind Werkzeuge, die den Menschen und seine sozialen Beziehungen unterstützen, aber nicht ersetzen können.

■ Trotz verlockender Vereinfachungen mit digitaler Technik gilt im Kindergarten immer noch die Regel: Persönlich geht's am besten!

■ Ob beim Tür- und Angelgespräch, am Telefon, per E-Mail oder WhatsApp-Nachricht: Für alle Beteiligten ist es wichtig, professionell zu bleiben.

nder, das
bahnen von
mitteln
urgut.

Wir fördern, dass Kinder die grundlegenden und immer wiederkehrenden Abläufe der Natur verstehen. Wir fördern ihr technisches Verständnis.

Spra

Wir fördern die S
der Kinder im All
Wir unterstützen
Schrift, Medien u
der Kommunikat

BILDUNGSBEREICH UNIVERSUM

Ich habe Experimente mit Luft durchgeführt.
Stufe 3 Nr. 1

Ich habe grundlegende Kenntnisse über den Gebrauch eines Computers.
Stufe 4 Nr. 12

Ich habe den Wachstumszyklus von Pflanzen beobachtet und weiß was sie dafür benötigen.
Stufe 4 Nr. 7

Ich kann nachspielen un
darüber berichten, wa
ich aus Büchern oder
dem Fernsehen weiß.
Stufe 6 Nr. 1

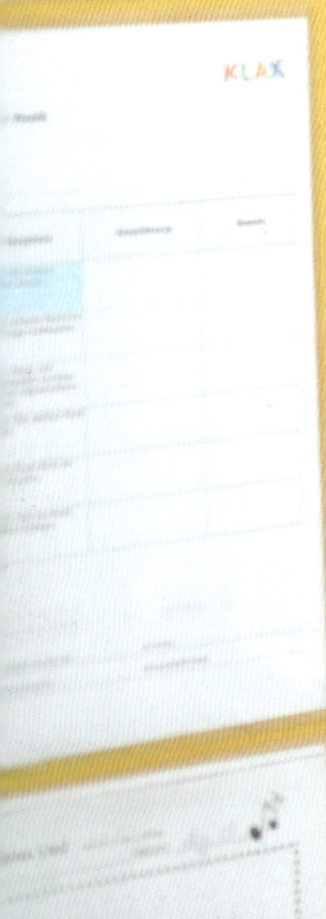

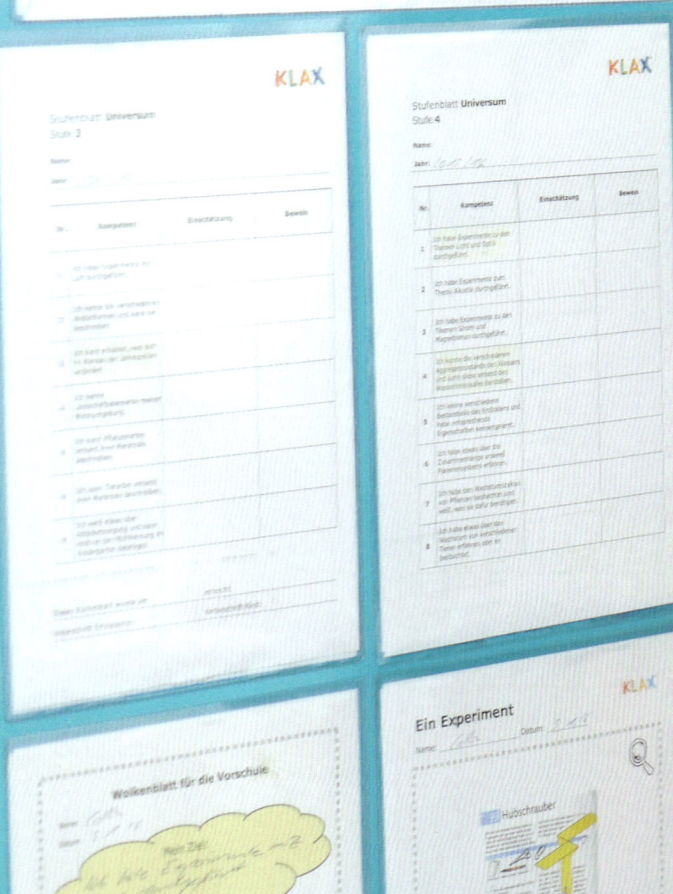

Ein Experiment

Teil 2:
Methoden und Instrumente der Elternzusammenarbeit

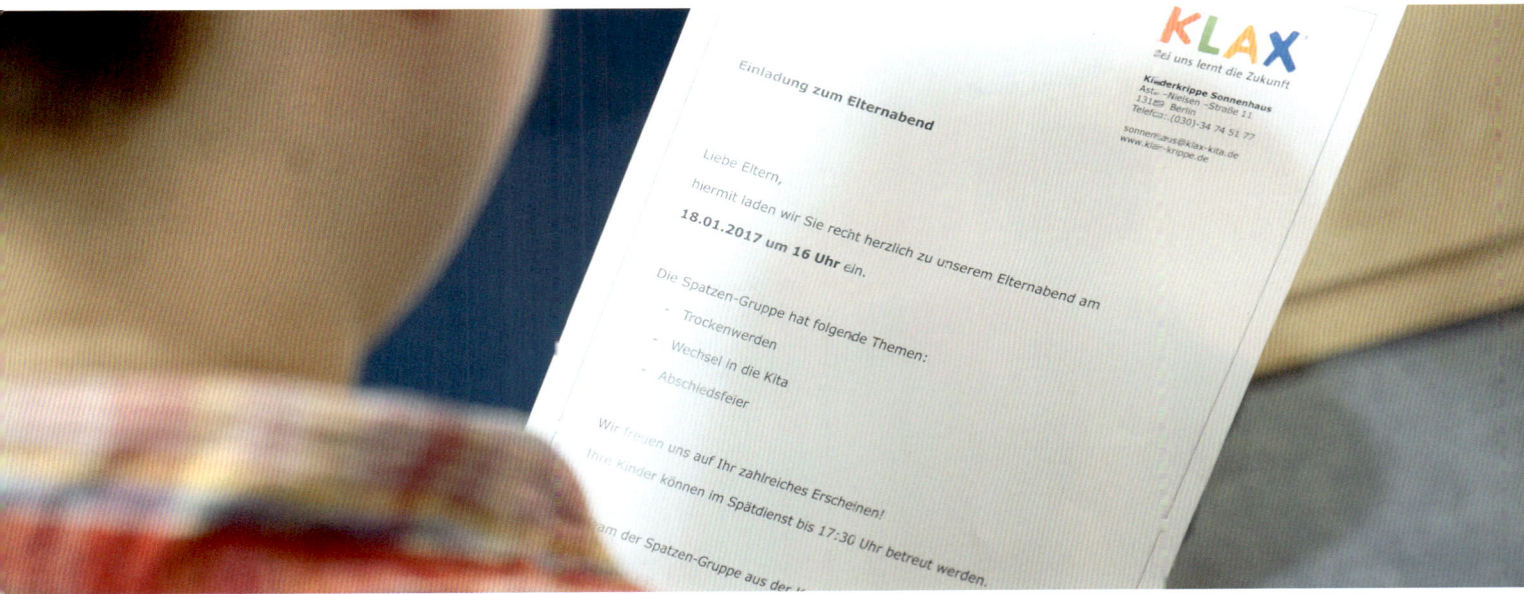

KAPITEL 1

Der Elternabend –
Alle paar Monate treffen wir uns

In diesem Kapitel beschreiben wir, wie Elternabende gestaltet werden sollten, um mehr zu sein als ein gemütliches Treffen in geselliger Runde. Wie können Themen anschaulich vermittelt werden, sodass die Eltern mit dem guten Gefühl à la „Heute habe ich wirklich was gelernt!" nach Hause gehen?

Darum geht es

Elternabende sind viel mehr als ein gemütliches Treffen in geselliger Runde mt formellem Teil nebenher. Pädagogen sollten Elternabende als ein Bildungs- und Lernangebot für Eltern verstehen. Es geht bei Elternabenden darum, auf anschauliche Art und Weise pädagogische Inhalte fachlich fundiert zu vermitteln.

Wie Elternabende aussehen können

In der Einladung für den Elternabend sind die behandelten Themen bereits bekannt gegeben worden, sodass jeder Teilnehmer bereits eine erste Orientierung über den Ablauf und vielleicht sogar etwas Zeit zur Vorbereitung erhalten hat. Die Erzieherin hat sich im Vorfeld selbst folgende Frage

beantwortet: „Was müssen die Teilnehmer auf jeden Fall am Ende des Elternabends verstanden haben?" Diese Frage hilft ihr dabei, sich auf das Wesentliche zu fokussieren.

Nachdem jedes Elternteil persönlich begrüßt wurde, ein Getränk erhalten und seinen Sitzplatz eingenommen hat, beginnt die offizielle Begrüßung mit der Vorstellung des Ablaufs. Ein roter Faden sollte während des gesamten Elternabends deutlich zu erkennen sein. Denn ein Elternabend benötigt eine klare Struktur, um keinen Verdruss über die vielen Worte oder das ungewisse Ende bei den Teilnehmern hervorzurufen. Die Erzieherin steigt mit einem kurzen (maximal zehnminütigen!) Input-Vortrag über ein pädagogisches Thema ein – sei es die Bedeutung von Ritualen wie dem Morgenkreis im Tagesablauf oder die Wichtigkeit von Bildungsprojekten für das Lernen der Kinder. Dabei knüpft sie an das Vorwissen der Teilnehmer an. Der Vortrag sollte natürlich nicht mühsam ab-

gelesen werden, das wirkt unsicher und ruft beim Zuhörer die berechtigte Frage hervor: „Weiß die eigentlich, wovon sie spricht?"

Stattdessen hält die Erzieherin beim Reden den Blickkontakt und achtet auf ihre Mimik, Gestik und Körpersprache. Die Teilnehmer des Elternabends können spüren, ob eine Erzieherin vor ihnen steht, die für ihren Beruf glüht und über das nötige Fachwissen verfügt. Die Erzieherin hat passende Fotos und eine kurze Videosequenz aus dem pädagogischen Alltag herausgesucht, die das Gesagte veranschaulichen. Das bietet ihr Gelegenheit, um die Teilnehmer aktiv einzubeziehen: „Was haben Sie in diesem Video beobachten können? Was fiel Ihnen auf?" Zwischendurch fragt die Erzieherin nach, ob alles verstanden wurde oder ob noch Fragen offen sind. Diskussionen lässt sie nicht ausufern, sondern behält freundlich aber bestimmt den zeitlichen Rahmen im Blick. Hektik und Zeitdruck sind ebenso wenig angebracht wie Elternabende, die sich wie ein zähes Kaugummi dehnen. Auch mit der Klärung von organisatorischen Detailfragen hat die Erzieherin den Elternabend nicht überfrachtet. Am Ende gibt es noch einmal eine offizielle Verabschiedung und einen kurzen Ausblick.

Protokollführung will gelernt sein!

Es gibt verschiedene Formen von Protokollen: Das Wortprotokoll und das Beschlussprotokoll.

- In einem Wortprotokoll kommt es auf das einzelne Wort an, daher werden Wortprotokolle meistens technisch aufgezeichnet und im Nachgang transkribiert.
- In einem Beschlussprotokoll werden lediglich die Beschlüsse festgehalten.
- Kindergärten schreiben Beschlussprotokolle.

Das braucht man

- einen erwachsenengerechten Raum: gut durchlüftet, mit passenden Stühlen und einer Sitzordnung, die möglichst niemanden in zweiter Reihe sitzen lässt
- Getränke wie Kaffee, Tee und Wasser sowie ein paar Knabbereien wie Kekse oder Obst – aber nicht in übertriebener Form, sondern lediglich gedacht als kleine Pausen-Stärkung

- einen Beamer für eine Keynote- oder PowerPoint-Präsentation oder zur Vorstellung einer Videosequenz über die pädagogische Arbeit der Kindereinrichtung
- Moderationsmaterialien wie Stifte und Kärtchen, um eine bewährte Methode wie die Kartenabfrage zum Einstieg in ein neues Thema schnell umsetzen zu können
- Eine Person wird festgelegt, die das Protokoll führt. Das Protokoll wird am Laptop oder Tablet mitgeschrieben.
- die E-Mail-Adressen aller Eltern, damit jeder das Protokoll erhalten kann, auch wenn er nicht dabei war
- eine Teilnehmerliste
- eine separate Kinderbetreuung für Eltern, die ihr Kind nicht unterbringen konnten

Regeln für einen gelungenen Elternabend [2]

- Der Raum ist fertig vorbereitet (Getränke, Sitzordnung etc.).
- Die Themen werden in der Einladung bekannt gegeben.
- Es werden praxisnahe Beispiele und Visualisierungen verwendet (zum Beispiel Fotos oder Videos).
- Von Anfang an wird der rote Faden verdeutlicht.
- Jeder erhält das Protokoll, auch diejenigen, die nicht anwesend waren.
- Kinder werden anderweitig betreut und stören den Elternabend nicht.

Darauf ist zu achten

- Der erste Eindruck einer Situation prägt die Atmosphäre! Jedes Elternteil sollte deshalb persönlich empfangen und kurz begrüßt werden. Das trägt dazu bei, das Eis zu brechen.
- Bei sehr theoretischen Themen ist es sinnvoll den Eltern Material zur Vorbereitung zur Verfügung zu stellen – zum Beispiel einen aktuellen Zeitungsartikel zum Thema.
- Bei Vorträgen ist auf den logischen Aufbau zu achten, Zusammenfassungen zu geben und besonders wichtige Aussagen klar herauszustellen, zum Beispiel durch Betonung, Hervorhebung, Wiederholung und gezielte Sprechpausen.
- die Zeit im Blick behalten
- Planen Sie einen Methodenwechsel ein, erfahrungsgemäß ist dies nach etwa 20 Minuten nötig. Nach einem kurzen Input-Vortrag als Einstieg könnten Bild- oder Fotokarten zum Einsatz kommen oder eine Videosequenz gezeigt werden.

Ideen

- Sehr zu empfehlen ist der Online-Terminplaner www.doodle.de. Damit können Eltern und Kitaleitungen schnell einen Termin abstimmen.
- Lassen Sie die Elternvertretung oder Eltern, die einen eigenständigen Beitrag leisten wollen, zu Wort kommen – aber eher in Form eines mit Ihnen abgesprochenen kurzen PowerPoint- oder Keynote-Vortrags, der in der Tagesordnung angekündigt wurde, nicht als frei zu gestaltender Überraschungsmoment.
- Ein Protokoll, das am Laptop oder auf dem Tablet erstellt wird, sollte direkt mit einem Beamer an die Wand projiziert werden. So können die Teilnehmer mitlesen und gegebenenfalls Ergänzungen vorschlagen. Anschließend kann das Protokoll (auch an die fehlenden Teilnehmer) per E-Mail versendet werden.

---

2 Weitere Tipps und Tricks finden Sie in unserem Buch „Elternabende in der Krippe mühelos meistern. Material und Arbeitshilfen zur erfolgreichen Gestaltung" (Bananenblau 2014)

KAPITEL 2

Der Elternbrief –
Alle Infos auf einen Blick

In diesem Kapitel erläutern wir, warum ein monatliches E-Mail-Rundschreiben an alle Eltern – oft auch weiterhin ganz klassisch Elternbrief genannt – ein wichtiges Mittel ist, um für einen klaren Informationsfluss zu sorgen. Sie erfahren, worauf Sie achten sollten, damit Ihre Mitteilungen bei den Eltern richtig ankommen.

Darum geht es

Der Elternbrief gibt Einblicke in die pädagogische Arbeit, informiert sowohl altersübergreifend als auch altersspezifisch über pädagogische Grundfragen und Entwicklungen, gibt Ratschläge zu Gesundheit, Erziehung und anderen Themen rund um das Kind sowie Tipps für Veranstaltungen. Ein guter Elternbrief fördert deshalb den Austausch zwischen Eltern ebenso wie den Austausch zwischen Pädagogen und Eltern.

Wie gute Elternbriefe aussehen können

Am Ende eines jeden Monats schreibt die Leitung einen Elternbrief für den kommenden Monat an die Eltern, in dem relevante Informationen über die Planung und Durchführung der pädagogischen Arbeit weitergegeben werden. Diese Tätigkeit gehört zu den monatlichen Routinen, die in Fleisch und Blut übergegangen sind. Selbstverständlich wird der klassische Elternbrief heutzutage häufig einfach per E-Mail versendet. Jetzt mal ehrlich: Es ist auch viel praktischer und umweltbewusster als der verschwenderische Verbrauch des kostbaren Rohstoffs Papier. Der Elternbrief enthält:

- einen Rückblick auf abgeschlossene Projekte, besondere Angebote, Ausflüge oder Feste aus dem vergangenen Monat
- einen Ausblick auf die Planung der pädagogischen Arbeit im kommenden Monat (Monatsschwerpunkt, besondere Angebote)
- eine Übersicht über anstehende Termine
- Informationen über einrichtungsbezogene strukturelle Veränderungen (zum Beispiel Personalwechsel)

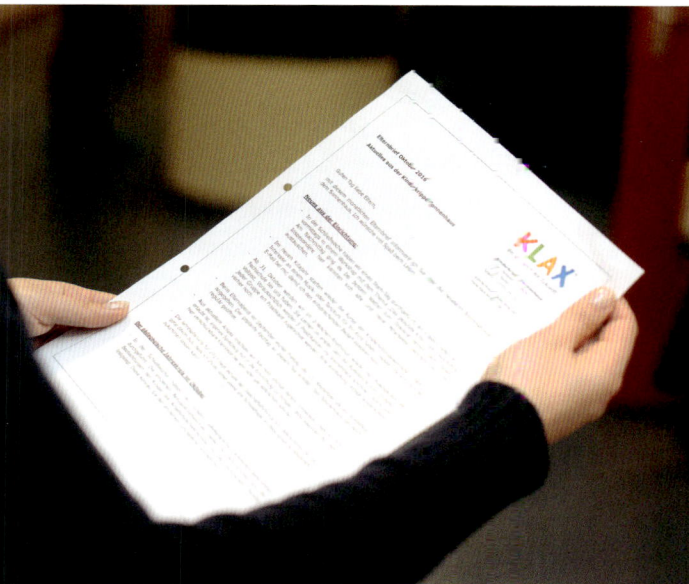

- Informationen vom Träger (zum Beispiel Einladung zu besonderen Veranstaltungen, wichtige Entwicklungen etc.)

Das braucht man

- einen Laptop oder einen Computer
- eine Planungsübersicht über die wichtigsten Ereignisse des kommenden Monats
- eine gute Standardbriefvorlage mit dem Logo der Einrichtung, die als PDF-Datei abgespeichert werden kann

Regeln für den Elternbrief

- Auf niedliche Verzierungen sollte man verzichten! Aus dem Internet heruntergeladene und wie wild in den Elternbrief hineinkopierte Comic-Figuren oder Symbole (Herzchen, Luftballons etc.) gehören nicht in den Elternbrief.
- Man sollte sich stets kurz halten.
- Termine kann man in einer übersichtlichen Tabelle darstellen. Diese Tabelle kann auch als E-Mail-Anhang versendet werden, sodass sie später von den Eltern leicht ausgedruckt oder abgespeichert werden kann.

Ideen

- Verschicken Sie ihren Elternbrief immer als PDF-Datei. Diese ist auf allen Geräten zu öffnen und der Inhalt kann nicht ungewollt verändert werden.

Darauf ist zu achten

- Falls Eltern tatsächlich über keine E-Mail-Adresse verfügen sollten, achtet die Leitung darauf, dass diese den Elternbrief in ausgedruckter Form erhalten. Auf Elternabenden sollte deshalb regelmäßig nachgefragt werden, ob alle Eltern den Brief wirklich erhalten haben. Nicht zuletzt ist dies auch deshalb wichtig, weil manche E-Mails im Spam-Ordner landen könnten.
- Die E-Mail-Adresse sollte bereits bei einem der ersten Gespräche mit den Eltern in die Datenbank der Einrichtung eingetragen werden.
- Sollten im Elternbrief einmal Dinge angesprochen werden, die sich ändern müssen, wie zum Beispiel der Aufruf an alle Eltern, ihre Kinder pünktlich abzuholen, muss dies so geschehen, dass sich niemand persönlich angesprochen fühlt.

■ Damit sich die Kitaleitung nicht jedes Mal den Kopf zerbrechen muss, was sie im Elternbrief thematisieren muss, sollte immer eine Mustervorlage genutzt werden.

■ Bei jeder Elterninformation immer auf „die vier Verständlichmacher"[3] achten.

Die vier Verständlichmacher	
Einfachheit	■ kurze Sätze (nicht länger als 20 Wörter) und klare Formulierungen ■ keine verniedlichenden Beschreibungen der Ereignisse oder unangemessene Ausschmückungen mit langen Aneinanderreihungen von Adjektiven: Ein Elternbrief richtet sich an Erwachsene! ■ Fachwörter vermeiden oder kurz erklären
Gliederung und Ordnung	■ auf den logischen Aufbau und einen roten Faden achten, nicht thematisch hin- und herspringen ■ eine Gliederung mit fett gedruckten oder unterstrichenen Zwischenüberschriften verwenden ■ das Ziel des aktuellen Briefes in den ersten Sätzen klarstellen: „Ich schreibe Ihnen heute, weil ..." ■ den Nutzen der Informationen verdeutlichen: Warum ist dieser Elternbrief wichtig?
Kürze und Prägnanz	■ auf das Wesentliche beschränken: Nicht länger als eine DIN-A4-Seite! ■ im Vorfeld sich selbst die Frage beantworten: „Welche Informationen und Ereignisse sind für den Leser relevant?" ■ beim Schreiben an das alte Sprichwort denken: „In der Kürze liegt die Würze." Niemand möchte angesichts der Informationsflut seine Zeit damit vergeuden, Dinge zu lesen, die für das Verständnis gar nicht relevant sind.
Anschaulichkeit	■ stets anschaulich und konkret bleiben und, wenn möglich, praktische Beispiele nennen ■ die direkte Anrede nutzen und die Adressaten des Briefs klar vor Augen haben ■ Bezug auf das Vorwissen und Erfahrungen der Eltern nehmen (zum Beispiel „Wie wir auf unserem letzten Elternabend besprochen hatten ...")

---

3 Schulz von Thun, Friedemann: Miteinander reden 1 (Rowohlt 2010)

KAPITEL 3

Die Eltern-E-Mail – Schnelle Informationswege

In diesem Kapitel erläutern wir, warum es wichtig ist die E-Mail-Adressen aller Eltern in den Kundendaten zu pflegen, worauf sie achten müssen, wenn sie Mails an Eltern schicken und warum es häufig besser ist, persönlich miteinander zu sprechen oder zu telefonieren, als kurze Nachrichten zu versenden.

Darum geht es

Ein regelmäßiger Elternbrief per E-Mail ist eine sichere Methode, um wichtige Sachinformationen und aktuelle Termine schnell und unkompliziert an die Eltern weiterzugeben; siehe hierzu Kapitel 2. Ein regelmäßiger Elternbrief sorgt dafür, dass alle Daten und Termine allen Eltern bekannt sind. Aber Vorsicht: Das bequeme E-Mail-System verleitet dazu, jede Form von Informationsbedarf und Austausch auf dem schnellen Weg per E-Mail zu erledigen. Doch dies hat seine Tücken.

Wie eine Eltern-E-Mail aussehen sollte

Die Kernaufgabe eines Elternbriefs per E-Mail besteht in der Information über aktuelle Termine, Ereignisse und bevorstehende Veränderungen. Dies ist meist ein längeres Schreiben, welches mit Sorgfalt erstellt wird. Der E-Mail-Verkehr mit einzelner Eltern zwischendurch sollte auf das Notwendigste begrenzt werden, denn Eltern erhalten täglich sehr viele E-Mails und überfliegen den Inhalt nur flüchtig, während sie in der Straßenbahn sitzen oder in der Supermarktschlange warten.

In Kindereinrichtungen sollten es Regeln für den E-Mail-Verkehr mit Eltern geben. Darin sollten Aussagen darüber getroffen werden, wer per E-Mail mit Eltern kommuniziert und vor allem darüber, was auf diesem Weg kommuniziert wird.

Niemand sollte sich dazu verleiten lassen, mit Eltern eine Diskussion per E-Mail zu führen. Ein kurzes schriftliches Hin und Her kann zu vielen Missverständnissen führen. Rechtschreibfehler, halb ausformulierte Sätze und Flapsigkeiten können Konflikte erzeugen oder anheizen. Daher sollte man bitte immer zweimal überlegen, bevor die Tasten bedient werden.

Elternanfragen und Elternbeschwerden sollten immer mit einem Terminvorschlag für ein persönliches Gespräch beantwortet werden. Jede Eltern-E-Mail muss beantwortet werden. Gleichzeitig ist darauf zu achten, dass nur die Beteiligten die E-Mails erhalten und nicht die halbe Welt ins Cc gesetzt wird.

Träger und Leitungen müssen klären, dass die E-Mail-Kommunikation mit Eltern nur von einer dienstlichen E-Mail-Adresse ausgeführt wird und niemals von der privaten E-Mail-Adresse.

Das braucht man

- eine dienstliche E-Mail-Adresse
- eine offizielle Signatur an jeder E-Mail

Regeln für die Eltern-E-Mail

- Für das Verfassen einer E-Mail sollte man sich etwas Zeit nehmen. Vor allem sollten keine E-Mails im Ärger verfasst werden. Sorgfältiges Durchlesen lohnt sich!
- Mit E-Mail-Adressen sollte man umgehen wie mit einer privaten Telefonnummer. E-Mails, die an mehrere Eltern verschickt werden, müssen deshalb grundsätzlich über Bcc (Blindkopie) verschickt werden.
- In einer E-Mail sollten die Schriftgrößen zehn bis zwölf und sachlich wirkende Schriftarten wie Verdana oder Times New Roman verwendet werden.
- Der Betreff der E-Mail muss für sich sprechen. In einer Zeit, in der einzelne Personen nicht selten hunderte von E-Mails pro Tag bekommen, hilft ein klarer Titel beim Sortieren.
- E-Mails sollten täglich abgerufen und beantwortet werden.
- Die aufgeführten Termine sollten Sie in Tabellenform auflisten.
- Ein belehrender Tonfall oder Ironie und Sarkasmus sind in der Kommunikation mit Eltern No-Gos.
- Generell gilt: Bei Missverständnissen oder Konflikten ist der Griff zum Telefon nicht verkehrt! Ein persönliches Gespräch klärt vieles.

- E-Mails ersetzen niemals unangenehmere Kritikgespräche, Beanstandungen oder Reklamationen – Dafür ist und bleibt das Gespräch unter vier Augen zwingend.

Darauf ist zu achten

- Ist die Leitung im Urlaub oder erkrankt, sollte stets gewährleistet werden, dass die E-Mails durch die Stellvertretung oder durch die Urlaubsvertretung im gleichen Rhythmus abgerufen und beantwortet werden.
- Bei Urlaub oder Erkrankung sollten Sie eine Abwesenheitsnotiz einrichten.
- Eine schnelle Beantwortung von Fragen, sei es per E-Mail oder am Telefon, fordern viele Eltern zu recht von einer guten Kitaleitung ein. Schnell zu antworten, heißt aber nicht, überstürzte E-Mails zu versenden.
- Genauso wenig sollte eine Signatur mit der Dienstanschrift, dem Link zur Homepage und der Telefonnummer der Einrichtung fehlen.

So kann eine Signatur aussehen:

Susanne Sausewind
Kindergartenleitung

Kita Erdmännchen
Hauptstr. 12
10115 Berlin

Tel : 030/12345-67
www.kindergartenerdmaennchen.de
kindergarten@erdmaennchen.de

Ideen

- Um viele Mailanfragen zu vermeiden und dem Informationsbedürfnis der Eltern zuvorzukommen, kann man auf der Kita-Homepage einen geschützten Bereich mit Login-Daten für Eltern einrichten. Dort können wichtige Dokumente wie zum Beispiel das letzte Rundschreiben hochgeladen oder notwendige Formulare zum direkten Download bereitgestellt werden.
- Vernachlässigen Sie nicht das Tür-und-Angel-Gespräch. Versuchen Sie täglich direkt mit den Eltern zu sprechen und dabei alles Wesentliche über das Kind auszutauschen.
- Trotz moderner E-Mail-Kommunikation verlieren bewährte Kommunikationsmittel nicht ihren Reiz: Eltern wollen jeden Tag aufs Neue wissen, ob und was ihr Kind gegessen, wie und wie lange es geschlafen hat und ob es Stuhlgang hatte. Aus diesen drei Fragen sollte ein Formular erstellt werden, welches täglich kopiert wird und von den Erzieherinnen am Tagesende angekreuzt und in die Garderobe gelegt wird. So können die Eltern die drei wichtigsten Fakten des Tages einfach mit nach Hause nehmen.
- Noch ein Tipp zu bewährten Werkzeugen der Elternkommunikation: Die Mitbringkarten. Die Kita stellt Karten her, auf der eine Windel, eine Cremeschachtel und Kinderkleidung zu sehen ist. Jede Karte wird zehnmal kopiert und laminiert. Während der Eingewöhnung wird den Eltern mitgeteilt, sollten sie im Fach des Kindes so eine Karte finden, ist dies ein Signal dafür, dass die Windeln verbraucht sind die Creme bald leer ist oder das Kind neue Wechselsachen benötigt. [4]

4   Sie finden die entsprechenden Vorlagen im Abschnitt "Checklisten und Formulare".

KAPITEL 4

Die Elternecke – Ein Platz für Eltern

In diesem Kapitel beschreiben wir, wie Kindergärten für Eltern einen Bereich einrichten können, in dem Eltern sich aufhalten Informationen erhalten und sich mit anderen Eltern austauschen können, ohne den Alltagsbetrieb in der Kindereinrichtung zu stören.

Darum geht es

Eltern gehören zur Kindereinrichtung dazu. Sie begleiten die Eingewöhnung ihrer Kinder, sie bringen sie am Morgen in die Einrichtung und holen sie am Nachmittag wieder ab. Eingewöhnung, Holen und Bringen sind keine Quickfix-Situationen. Es sind solche Übergänge im Tagesablauf eines Kindes, von deren guter Gestaltung das Gelingen der Kindergartenzeit abhängt. Doch dazu braucht es gute räumliche Voraussetzungen, die Eltern und Erzieher dazu einladen, sich die notwendige Zeit zu nehmen. Es ist nicht gut, im Gedränge an der Eingangstür des Kindergartens ein Kind an die Erzieherin zu übergeben. Im engen Garderobenraum wichtige Informationen auszutauschen, ist unangenehm.

Daher ist es wichtig, dass Kindergärten sich Gedanken darüber machen, wie den Eltern ein Platz in der Einrichtung eingeräumt werden kann, der ihnen die Möglichkeit gibt, in angenehmer Atmosphäre zu warten, entspannte Gespräche zu führen und Informationen in Ruhe zu lesen und zu verarbeiten. Viele Kindergärten haben dafür sogenannte Elternecken eingerichtet.

Wie Elternecken aussehen sollten

Zunächst einmal braucht man einen geeigneten Ort im Kindergarten, den Eltern ungehindert erreichen können und der so gelegen ist, dass die pädagogischen Bereiche davon deutlich abgetrennt sind. Meisten wählen Kindergärten eine Ausweitung des Flures, einen Teil des Empfangsbereiches oder einen Raum, der momentan keiner pädagogischen Nutzung unterliegt. Elternbereiche sollten so gestaltet sein, dass sie über gemütliche Sitzbereiche, Regale und Bildtechnik verfügen. Wer es organisieren kann, bietet den Eltern über eine „Kasse des Vertrauens" Kaffee und Wasser an. Gibt es genug Platz, ist eine kleine Spielecke für wartende Geschwister sinnvoll.

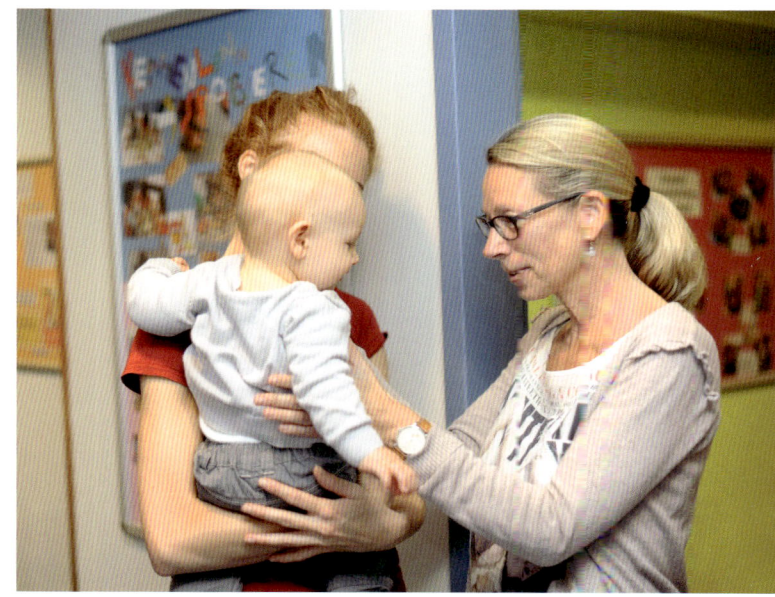

Das braucht man

- einen belichteten in hellen, freundlichen Farben gestrichenen Raum oder Flurbereich
- Sofa, Sessel und Sofatisch oder ein Arbeitstisch mit bequemen Stühlen sollten bereitstehen. Für das Sofa spricht die Möglichkeit, dass müde oder kranke Kinder sich hier kurzzeitig hinlegen können. Am Tisch kann man besser arbeiten, lesen oder miteinander Gespräche führen.
- ein Regal für Elternzeitschriften und die Wochenrückblicke in Ordnern
- einen Fernseher oder einen Bildschirm für aktuelle Informationen
- einen Spielteppich, Bausteine und andere Spielmaterialien in begrenzter Menge, dazu auch Bilderbücher
- falls möglich: W-LAN

Regeln für die Elternecke

Damit das Angebot einer Elternecke, oder eines Elternbereiches nicht zu Enttäuschungen führt, sollten unbedingt Regeln zur Benutzung aufgestellt und regelmäßig mit den Eltern besprochen werden. Folgendes sollte unbedingt geregelt werden:

- Rauchverbot
- ruhiges Verhalten
- Benutzung des Getränkebereiches

- Aufenthaltszeiten gelten besonders dann, wenn Eltern im Elternbereich arbeiten.
- Benutzungsregeln für das W-LAN

Darauf ist zu achten

- Kindergärten, die Elternbereiche einrichten, sollten sich vorher darüber Gedanken machen, welches Verhalten von Seiten der Eltern sie in diesem Bereich erwarten.
- Menschen werden durch Räume stark beeinflusst. Daher ist es wichtig, den Elternbereich so einzurichten, dass das gewünschte Verhalten der Eltern quasi durch den Raum vorgegeben wird.
- Viele Kindergärten wünschen sich, dass die Eltern während des Kita-Alltags etwas Abstand zu ihren Kindern einnehmen. Denn mit der Übergabe an die zuständige Erzieherin soll das Kind mit seiner Kindergruppe zusammen sein. Diese Trennung vom Kita-Betrieb wird unterstützt, wenn die Elternecke so gewählt wird, dass sie nicht mitten im Geschehen liegt und keine direkte Einsichtnahme in die Gruppenräume ermöglicht.
- Elternecken sind keine Daueraufenthaltsbereiche für Eltern. Trotzdem sollen Eltern sich eingeladen fühlen, dort zu verweilen. Dieser vermeintliche Widerspruch lässt sich durch die Art der Einrichtung und klare Benutzungsregeln für den Elternbereich auflösen.

31

Zwei Tipps für Aushänge in der Elternecke:

- Zu viele Aushänge und Informationen führen zu Verwirrung. Deshalb sollten alte Informationen stets entfernt werden, bevor neue hinzukommen.
- Es sollten nicht zu viele Informationen auf einmal herausgegeben werden. Übersicht und Struktur erleichtern dem Betrachter die Aufnahme der Informationen.

- Heute besucht uns
- Wichtig! Nicht vergessen (Morgen braucht die Vorschulgruppe Schwimmsachen, ...)
- Nächste Veranstaltungen (Der nächste Elternabend findet statt am ...)

Unter diesem Link können Sie eine Power-Point-Vorlage für den Informations-Fernseher herunterladen: **www.bananenblau.de/ eltern-in-krippe-und-kita-gut-informieren**

Ideen für die Elternecke:

Der Fernseher

Ein Fernseher in der Elternecke spielt natürlich nicht das aktuelle Fernsehprogramm ab. Der Fernseher dient als Bildschirm, der mit dem Computer im Leitungsbüro verbunden ist. Die Leitung stellt meist über Keynote oder PowerPoint die täglichen Elterninformationen zusammen. Diese wird auf den Fernseher übertragen und läuft dort in einer Schleife den Tag über.

Diese Inhalte sind typisch für einen Informations-Fernseher:

- Willkommensnotiz (z. B. mit Fotos vom gestrigen Tag)
- Unser Team (hier können auch Informationen zu derzeit erkrankten Kollegen und Vertretungen eingebunden werden)

Das Informationsregal

Häufig können sich Eltern sehr wenig unter dem pädagogischen Fachvokabular vorstellen, das in Kindergärten gesprochen wird. Daher ist es eine gute Idee, den Eltern nicht nur zu erklären, dass gestern im Bereich „Universum" experimentiert wurde. Es ist gut, ihnen neben den Fotos von der Aktion das Experiment oder die verwendeten Materialen dazu auszustellen. Dies kann in Form eines Regals geschehen, in dem in einem Fach ein digitaler Bilderrahmen steht, über den die Fotos zu dem Experiment gezeigt werden, während sich im Fach daneben die entsprechenden Materialien befinden.

 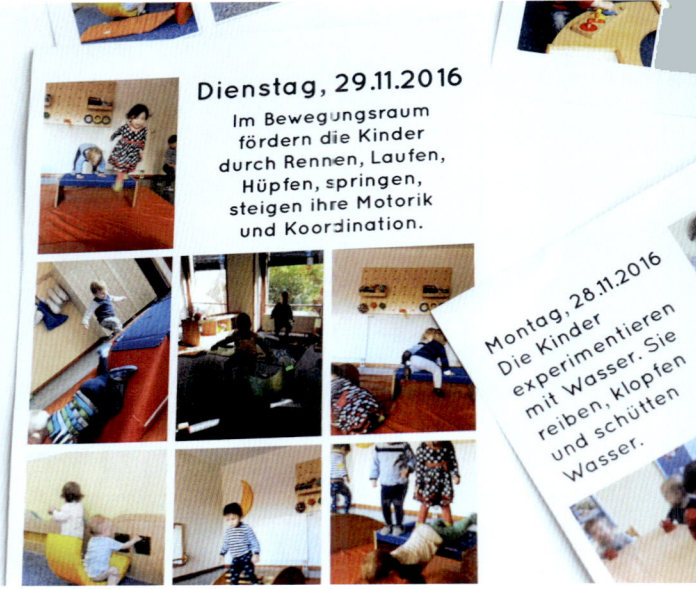

KAPITEL 5

Die Tagesdokumentation – Was macht mein Kind, wenn ich nicht da bin?

In diesem Kapitel beschreiben wir, wie Kindergärten den Eltern einen Einblick in das Tagesgeschehen ihrer Einrichtung geben können, worauf dabei zu achten ist und welche grundlegenden Informationen Eltern benötigen, damit sie ihr Kind beruhigt der Obhut des Kindergartens überlassen können.

Darum geht es

Erzieherinnen sind die Insider des Kindergartens. Sie verfügen über alle relevanten Informationen, kennen sich aus und können sich ganz selbstverständlich in den Routinen des Alltags bewegen. Bei Eltern ist dies keineswegs so, selbst wenn sie bereits das dritte Kind in die Einrichtung bringen. Eltern erlangen ihr Wissen über den Kindergarten dadurch, dass sie sich aus früheren Erfahrungen, sporadischen Erlebnissen und Berichten ihrer Kinder ein Bild zusammenstellen. Dieses Bild muss nicht mit dem übereinstimmen, was im aktuellen Kindergarten ihres Kindes geschieht. Das ist den Eltern sehr bewusst. Deshalb machen Sie sich häufig Sorgen oder haben ein schlechtes Gewissen, da sie so viel Lebenszeit ihres Kindes dem Kindergarten überlassen. Es ist daher eine der grundlegendsten Aufgaben des Kindergartens, die Eltern täglich, umfassend und verständlich zu informieren. Jedes Kind lernt jeden Tag im Kindergarten etwas dazu.

Der Kindergarten folgt einem Bildungsprogramm. Hieraus und aus den beobachteten Entwicklungsständen der Kinder leiten die Erzieherinnen ab, welche Bildungsaktivitäten geplant und durchgeführt werden. In diesen Prozess die Eltern einzubeziehen, ist eine wichtige Aufgabe.

Wie Tagesdokumentationen aussehen sollten

Tagesrückblick auf Papier

Häufig sind Tagesdokumentationen nichts weiter als ein beschriebener DIN-A4-Zettel, der im Elternbereich, im Eingangsbereich oder in der Garderobe hängt. Diese Zettel werden leicht übersehen und enthalten oft nur eine kurze Beschreibung des Ereignisses mit dem Vermerk, dass alle viel Spaß hatten. Konkrete Informationen über die Lernerfolge der Kinder enthalten sie nicht.

Daher ist es sinnvoll, eine Struktur für den Tagesrückblick oder den Tagesbericht vorzugeben. Diese sollte folgende Fragestellungen enthalten:

- Was haben wir gemacht?
- Wer war dabei?
- Was war das Lernziel?
- Was wissen die Kinder jetzt?

Diese Struktur kann auf einem Formular vorbereitet werden, das alle Pädagogen des Kindergartens verwenden.

Zum Aushängen des Tagesberichtes ist eine Informationswand mit einer übersichtlichen Struktur nötig, die für die Eltern zugänglich und gut einsehbar ist. Es ist sinnvoll, die Informationswand in Bereiche zu teilen, die jeder Gruppe zugeordnet sind.

Die Tagesrückblicke werden dann in einen Ordner nach Datum einsortiert und in der Elternecke ausgestellt. So bleibt für die Eltern nachvollziehbar, welche Aktivitäten im Laufe des Monats durchgeführt wurden und welchen Wissenszuwachs es in der Kindergruppe gegeben hat. Aus diesen Wochen- oder Monatsrückblick genannten Ordnern können die Eltern ableiten, welche Angebote die Kindergruppe erlebt hat. Die Information, wo ihr eigenes Kind in der Entwicklung im Moment steht, erhalten sie über den Tagesrückblick allerding nicht.

Es ist auch möglich, die Eltern auf digitalem Weg über den Tag zu informieren. Dazu gibt es verschiedene Möglichkeiten. Die Erzieherin kann das ausgefüllte Formular einscannen oder abfotografieren und an die Eltern per E-Mail senden. Aber viel weniger umständlich kann sie den Tagesrückblick gleich digital erstellen. Sofern im Computersystem des Trägers oder der Kita das Formular hinterlegt wurde, kann jede Erzieherin es aufrufen, die Texte eingeben und entsprechende Fotos hinzufügen. Noch viel schneller und zeitsparender wird der Ablauf, wenn in der Einrichtung mit Smartphones oder Tablet-PCs dokumentiert wird. Der Tagesrückblick ließe sich so bereits während des Angebots oder des Ausfluges erstellen und direkt an die Eltern senden.

Das braucht man

- ein gut strukturiertes Formular und einen gut sichtbaren Platz für den Aushang
- ein Tablet-PC oder Smartphone
- die E-Mail-Adressen der Eltern

Regeln für eine gute Tagesdokumentation

- Eine Tagesdokumentation informiert die Eltern täglich über die wichtigen Lernereignisse der Kindergruppe.
- Die Tagesdokumentation bezieht sich auf die Gruppe. Berichte über das Lernen des einzelnen Kindes erfolgen auf anderen Wegen (Portfolio, Elterngespräch).
- Die Tagesdokumentation wird mit Fotos unterstützt. Dies bedeutet, dass die Fotos nach den abgebildeten Inhalten ausgewählt werden. Fotos von lachenden Kindergruppen helfen den Eltern wenig dabei, das Geschehen zu verstehen.
- Die Tagesdokumentation vermittelt den Eltern ein Bild von der Professionalität und Leistungsfähigkeit des Kindergartens, daher muss sie stets professionell ausgefüllt sein und wirklich täglich aushängen.

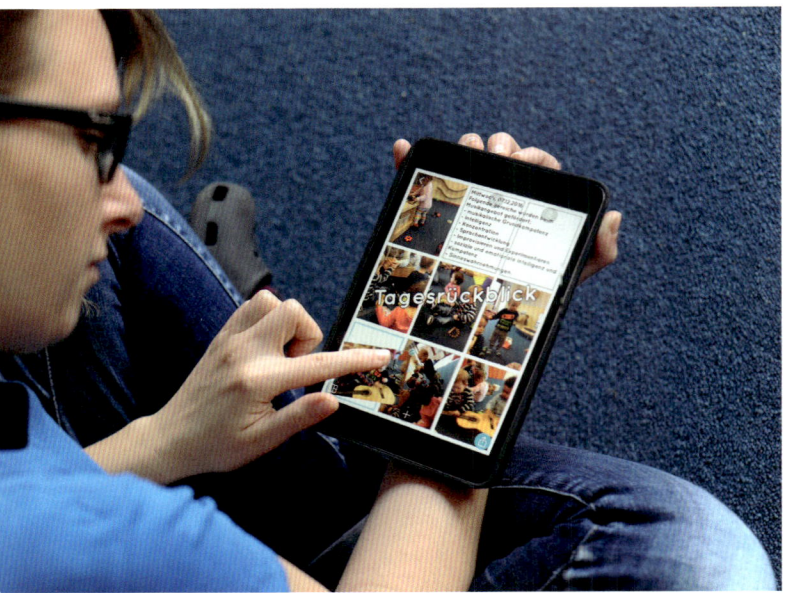 

- Tagesdokumentationen ersetzen keine persönlichen Gespräche. Deshalb empfehlen wir den Erzieherinnen, die Eltern anzusprechen, um mit ihnen über das Kind, seine Lernerfolge und die Geschehnisse des Tages direkt zu sprechen.

Darauf ist zu achten

- Die Pädagogen sollten in den Texten auf korrekte Rechtschreibung und einen guten Ausdruck achten. Es ist besser, eine zweite Person darüber lesen zu lassen als hinterher von den Eltern auf Fehler angesprochen zu werden!
- Die Erzieherinnen und die Leitung sollten auf den Datenschutz achten. In den meisten Einrichtungen ist das fotografische Abbilden der Kinder für Kita-interne Dokumentationszwecke durch den Vertrag gedeckt.
- Bitte kein Kind im Tagesrückblick besonders hervorheben! Dies irritiert die Eltern und führt zu Vergleichen unter den Kindern.
- Der Inhalt des Tagesrückblickes bezieht sich ausschließlich auf die Bildungsarbeit. Organisatorische Themen, Störungen und Probleme werden mit anderen Mitteln bearbeitet wie beispielsweise dem Elternbrief, Elterngesprächen, Elternvertretern oder Teamsitzungen.

- Es muss stets eingehalten werden, was versprochen wurde: Der tägliche Rückblick muss auch jeden Tag aufs Neue erstellt und ausgehangen werden. Passiert dies nicht, wird das Vertrauen zwischen Kita und Eltern empfindlich gestört.

Ideen

Der digitale Bilderrahmen:

In vielen Einrichtungen gibt es digitale Bilderrahmen, auf denen die Fotos des Tages zu sehen sind. Die Rahmen sind einfach zu bedienen und werden mithilfe eines USB-Sticks oder einer Speicherkarte mit Fotos bespielt. Doch hat sich diese Erfindung wirklich bewährt?

Ein typisches Beispiel aus dem Kita-Alltag: Zur Abholzeit bilden sich vor dem Bilderrahmen Elterngrüppchen, die darauf warten, dass nun endlich ein Foto ihres Kindes auf dem Display erscheint. Es gibt nicht zum ersten Mal Diskussionen darüber, dass einige Kinder häufiger zu sehen sind als andere, dass ein Kind nicht gut getroffen wurde oder schmutzige Sachen trug.

Das Abspulen von Fotos über ein Medium, sei es ein digitaler Bilderrahmen oder ein Fernseher, birgt viele Tücken. Die Situation gleicht ein wenig dem erzwungenen Ansehen fremder Fotoalben oder Diashows bei Nachbarschaftstreffen: Man sieht aus Höflichkeit hin, kann aber mit den Bildern nicht viel anfangen. Es ist also kein Wunder, dass Eltern, anstatt die Aktivität der Kita zu loben, die Art und Weise der Abbildung der Kinder kritisieren. Bei der Dokumentation mittels digitaler Bilderrahmen wird oftmals aus Versehen ein falscher Fokus von den Erzieherinnen gesetzt. Bei dem Tagesrückblick geht es um die inhaltliche Dokumentation von Lernsituationen, das kann man über einen digitalen Bilderrahmen, der ausschließlich Fotos abspielt, nicht erreichen.

Tisch des Tages

Besser ist es, einen „Tisch des Tages" in den Elternbereich zu stellen und auf diesem die aktuellen Bildungsangebote zu präsentieren. Zu dem Tisch gehört eine Informationstafel, auf der Erklärungen, Fotos und gestalterische Arbeiten der Kinder angebracht werden können. Wer sich viel Mühe machen will, kann ein großes Fotoalbum auslegen und dort jeden Tag Fotos, Erläuterungen und Kinderarbeiten einkleben. Ein Tisch hat den Vorteil, dass die Kinder die Dinge auf dem Tisch mit ihren Händen erreichen können und so den Eltern direkt erzählen und vorführen können, was über den Tag gelernt wurde.

App „Pic Collage"

Wer ein Smartphone oder ein Tablet-PC besitzt, kann die App „Pic Collage" benutzen. Die mit dem Gerät gemachten Fotos lassen sich mit einem Wisch in die App laden, der erklärende Text wird direkt hineingeschrieben und mit einem Knopfdruck sortiert sich alles zu einem ansprechend gestalteten Poster. Die Bedienung der App ist so kinderleicht, dass die größeren Kinder selbständig am Tagesrückblick mitwirken können. Nur den Text muss die Erzieherin verfassen. Auch hier gilt: Die Maschine erleichtert die Arbeit und hilft dabei, Zeit zu sparen. Dass der digital erstellte Tagesrückblick einer sinnvollen inhaltlichen Einblick gibt, dafür muss die Erzieherin weiterhin selbst sorgen.

Die Elterninformation über die Lernereignisse der Kinder an Tage oder Wochen zu binden, ist eine gängige Methode. Aber es gibt noch andere Ideen und Möglichkeiten. Oftmals ist es sogar ratsam, nach anderen Wegen der Elterninformation zu suchen. Die digitalen Medien bieten hier viele Möglichkeiten. Wir werden an anderer Stelle darauf eingehen. Aber wer sich an die digitale Dokumentation (Kapitel 7) noch nicht herantraut, kann auch mit herkömmlichen Materialien wie Papier kreativ und innovativ dokumentieren. Wie wäre es, anstatt Tagesrückblicke Bildungsprojekte zu dokumentieren oder zu zeigen, wie in welchem Bildungsbereich gearbeitet wird? Diese Form der Bildungsdokumentation passt besser zu jenen Kindergärten, die oft gar nicht in der Lage sind, das Versprechen nach täglichen oder wöchentlichen Aushängen einzuhalten.

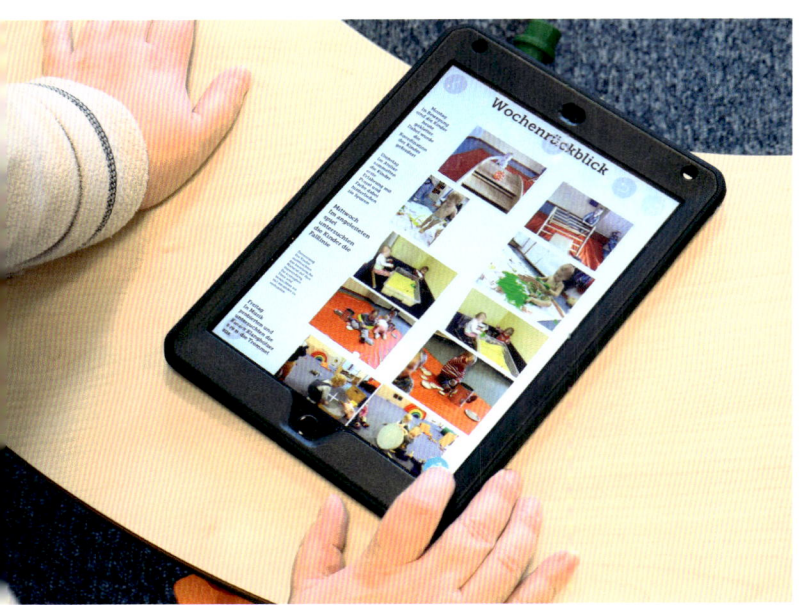 

KAPITEL 6

Der Wochenrückblick –
Eine Woche Spielen und Lernen

In diesem Kapitel behandeln wir den Wochenrückblick als Alternative zum Tagesrückblick.
Nicht in jeder Einrichtung reicht die Zeit aus, um einen Tagesrückblick zu schreiben. Eine Lösung
kann stattdessen darin bestehen, einmal in der Woche über die Bildungsarbeit zu berichten.

Darum geht es

Von Montag bis Freitag geschehen im Kindergarten zahlreiche interessante Dinge. Man könnte
meinen, die Kinder werden sicher zu Hause davon
berichten, doch oftmals ist dem leider nicht so. Die
Eltern über die spannenden Lernabenteuer ihrer
Kinder zu informieren, das gehört zu den Aufgaben der Erzieherinnen. Doch meistens bleibt dafür
wenig Zeit. So empfehlenswert ein Tagesrückblick
auch ist, nicht immer ist daran zu denken, täglich
eine Dokumentation anzufertigen. Viele Einrichtungen einigen sich daher auf einen wöchentlichen Bericht und nennen diesen Wochenrückblick.

Wie ein Wochenrückblick aussehen sollte

Viele Kindergärten fertigen eine Mappe, einen
sogenannten Wochenhefter, an, in der die Ereignisse der Woche abgebildet sind. Diese Mappe
steht dann in der Elternecke. Allerdings lässt sich
beobachten, dass die Eltern in der Bring- und Ab-
holsituation gar nicht die Zeit haben, sich in die Elternecke zu setzen, um den Wochenhefter durch-
zublättern. So dient in manchen Einrichtungen der
Wochenhefter lediglich dazu, die Tagesrückblicke
aufzubewahren. Um den Wochenrückblick effek-
tiv zu gestalten, sollte man sich auf eine einheitli-
che Form einigen. Ein Formular, auf dem die wichtigsten Fakten eingetragen werden, kann sehr
hilfreich sein. Bei der Gestaltung des Formulars
sollte beachtet werden, dass die Eltern nicht viel
Zeit haben und alle Informationen auf einen Blick
erfassen können. Eine bessere Alternative als die

Ablage des Blattes in einem Ordner besteht darin, dieses an einer festen Stelle im Elternbereich auszuhängen.

Erzieher:innen haben wenig Zeit. Knapp bemessene Personalausstattungen in den meisten Kindergärten sind dafür verantwortlich. Wird ein Teil der pädagogischen Zeit in Dokumentationen, Tages- oder Wochenrückblicke investiert, muss im Vorfeld gründlich überlegt werden, ob diese Form der Elterninformation sinnvoll ist. Haben die Eltern Zeit und Gelegenheit, all diese Informationen zu lesen? Diese grundlegende Frage muss gestellt und beantwortet werden, bevor wichtige pädagogische Zeit investiert wird. Auf die pädagogische Dokumentation zu verzichten, kann nicht die richtige Schlussfolgerung sein. Vielmehr muss es darum gehen, diese sinnvoll und zeitsparend zu gestalten. Man sollte also für den Rückblick einen angemessenen zeitlichen Rhythmus wählen, welcher gleichermaßen der pädagogischen Dokumentationspflicht sowie der elterlichen Lesefreude entgegenkommt.

Das braucht man

- Für den herkömmlichen Wochenrückblick braucht man ein Formular und einen Hefter. Besser jedoch ist eine Informationstafel in der Elternecke, auf der es einen festen Platz für den Wochenrückblick gibt.

Regeln für den Wochenrückblick

- Der Wochenrückblick informiert die Eltern über die wichtigen Lernereignisse der Kindergruppe in der vergangenen Woche.
- Der Wochenrückblick bezieht sich auf die Gruppe. Berichte über das Lernen des einzelnen Kindes erfolgen auf anderen Wegen (Portfolio, Elterngespräch).
- Der Wochenrückblick wird mit Fotos unterstützt. Es werden nur wenige Fotos ausgewählt, welche die Aussagen im Text unterstreichen.
- Der Wochenrückblick vermittelt den Eltern ein Bild von der Professionalität und Leistungsfähigkeit des Kindergartens, daher sollte er stets professionell gestaltet und wirklich jede Woche ausgehängt werden.

Musik

Wir fördern das Rhythmusgefühl der Kinder, das Lernen von Liedern, das Anbahnen von Instrumentenspiel und vermitteln Wissen über Musik als Kulturgut.

BILDUNGSBEREICH MUSIK

Ich kann einfache Rhythmen in der Gruppe wiedergeben. Stufe 4 Nr. 2

Universum

Wir fördern, dass Kinder die grundlegenden und immer wiederkehrenden Abläufe der Natur verstehen. Wir fördern ihr technisches Verständnis.

BILDUNGSBEREICH UNIVERSUM

Ich habe Experimente mit Luft durchgeführt.

Ich kenne einige wichtige Instrumente unseres Kulturkreises. Stufe 3 Nr. 6

Ich habe den Wachstumskreislauf von Pflanzen beobachtet und weiß was ihr nützt wachsen. Stufe 4 Nr. 7

Sprache

Wir fördern die Sprachentwicklung der Kinder im Alltagsbezug. Wir unterstützen ihr Interesse an Schrift, Medien und anderen Formen der Kommunikation.

BILDUNGSBEREICH SPRACHE

So setzen wir die **KLAX-Pädagogik** für 3- bis 6-Jährige um und erfüllen damit den **Bildungsauftrag** des Berliner **Bildungsprogramms.**

Mathematik

Wir fördern das Verständnis der Kinder für Mengen, Formen, Zahlen und Ordnungen, indem wir sie einfache mathematische Problemstellungen im Alltag erleben lassen.

BILDUNGSBEREICH MATHEMATIK

Ich kenne die Zahlen von 1 bis 12. Stufe 3 Nr. 2

Soziales Miteinander

Gegenseitiger Respekt, Beteiligung und die Einhaltung von vereinbarten Regeln sind die Bausteine jeder Gemeinschaft.

Wochenrückblicke ersetzen nicht die persönlichen Gespräche. Deshalb empfehlen wir den Erzieherinnen, die Eltern anzusprechen, um mit ihnen über das Kind, dessen Lernen und die Geschehnisse in der Woche direkt zu sprechen.

Es empfiehlt sich, ein einheitliches Formular zu benutzen

Darauf ist zu achten

- Die Gestaltung des Formulars sollte die knappe Zeit von Erzieherinnen und Eltern berücksichtigen, indem nur kurze, aber dafür präzise Informationen über die Lernereignisse der Woche dargestellt werden.

Ideen

Über Projekte berichten anstatt über Tage

Bildungsprojekte ziehen sich über Wochen und Tage hin. Deshalb ist es sinnvoll, auf einem Projekttisch auszustellen, worüber nachgedacht, geforscht oder experimentiert wurde. Ein Projekthefter ist eine Möglichkeit für Kindergärten mit wenig Platz. In diesem Hefter werden alle wichtigen Projektschritte abgebildet. Er sollte aufgeschlagen in der Elternecke stehen, sobald etwas Neues hinzugefügt wurde.

Die Wand der Bildungsbereiche

Die Bildungsprogramme aller Bundesländer gliedern das Lernen der Kindergartenkinder in verschiedene Bildungsbereiche. Die Stufenblätter, die wir für jeden Bildungsbereich entwickelt haben, geben Pädagogen und Eltern Orientierung darüber, wie sich das Kind entwickelt und was es lernt. Da macht es Sinn, im Flur des Kindergartens einen Bereich einzurichten, der Auskunft über die Arbeit in jedem einzelnen Bildungsbereich gibt.

Hier erfahren die Eltern, an welchem Stufenblatt gerade gearbeitet wird. Die „Geschafft! Gelernt!"-Blätter aus dem Portfolio geben Auskunft über die erreichten Lernziele der Gruppe.

Infos zur Arbeit mit den Stufenblätter finden Sie in "Stufenblätter für die Krippe" sowie "Stufenblätter für Kita und Kindergarten" (Bananenblau 2010)

KAPITEL 7

Projektarbeit – Dokumentation thematisch initiierter Lernereignisse

In diesem Kapitel beschreiben wir das Projektlernen im Kindergarten. Dabei gehen wir darauf ein, wie Eltern mithilfe der digital dokumentierten Projekte einen anschaulichen Einblick in die pädagogische Arbeit erhalten können.

Darum geht es

Projektarbeit ist eine wesentliche Form der Bildungsarbeit im Kindergarten, in der ein Thema unter Einbeziehung verschiedener Methoden mit den Kindern lebensnah erschlossen wird. Projektarbeit entspricht verschiedenen Anforderungen an kindgerechte Lernprozesse: Es wird im Zusammenhang gelernt. Unterschiedlichste Herangehensweisen an ein Thema sind möglich. Das Projekt hat in der Regel ein Ergebnis, wodurch die Beschäftigung mit dem Thema besonders anschaulich und nachvollziehbar ist. Oft ist es ein alltäglicher Moment, der großartige Lernchancen und den Anlass für ein Projekt bietet. Denn die besten Projekte im Kindergarten entstehen, wenn die Erzieherinnen sich von den Fragen der Kinder leiten lassen und sie behutsam beim entdeckenden und forschenden Lernen begleiten. Kaum ist eine Frage beantwortet, entsteht die nächste. Das Besondere an Bildungsprojekten im Kindergarten ist, dass sie alle Bildungsbereiche durchdringen und das Können der Kinder übergreifend herausfordern – von mathematischen Themen bis hin zu künstlerischen Fragestellungen ist alles denkbar. Dies den Eltern nahezubringen, ist eine wichtige Aufgabe der Erzieherinnen.

Wie die Dokumentation von Projektarbeit aussehen sollte

Projektarbeit bedeutet, eine Kinderfrage aufzugreifen, die sich aus einer alltäglichen Situation (zum Beispiel beim Aufenthalt im Garten oder beim Mittagessen) ergeben hat. Projektarbeit heißt auch, dass die Kinder eigene Thesen entwickeln und eigene Lösungswege entdecken. Auf Nichtpädagogen könnte dies merkwürdig wirken. Manche Eltern könnten eine LAISSEZ-FAIRE-Erziehung vermuten, andere haben Schwierigkeiten, dem Lernweg der Kinder zu folgen, da dieser von den Fragen der Kinder und ihren Thesen geleitet wird.

Daher ist es sinnvoll, die Projektdokumentation anhand der vier Fragen, die das Projekt durchziehen, aufzubauen.[5]

1) Was wollen wir wissen? In einem ersten Schritt erfolgt die Klärung der Problemstellung, welcher während des Projektverlaufs auf den Grund gegangen werden soll.
2) Was denken wir darüber? In einem zweiten Schritt tragen die Kinder zusammen, was sie zu der Ausgangsfrage bereits wissen.
3) Wo erfahren wir etwas darüber? Der dritte Schritt ist die Phase des Pläneschmiedens und der Umsetzung: Die Kinder einigen sich darauf, welche Aktivitäten sie durchführen, um ihre Thesen zu überprüfen (zum Beispiel ein Experiment, Ausflug, eine Befragung etc.).
4) Was wissen wir nun? Nun folgt die Ergebnissicherung: Die Kinder stellen fest, was sie während der Aktivität gelernt haben. Meistens entsteht daraus bereits die nächste Frage, die nun wieder dem weiteren Wissensaufbau dient.

Jede dieser vier Leitfragen steht für Lernereignisse, die im Kindergarten stattgefunden haben. Sei es, dass die Kinder den Weg zur Bibliothek ausgemessen haben, weil sie wissen wollten, wie lang dieser ist, dass sie einen Busfahrer interviewt haben, weil sie in Erfahrung bringen wollten, ob dieser auch Pause macht oder dass sie im Fahrradladen herausgefunden haben, woher das Wort „Katzenauge" kommt. An allen diesen Lernwegen sollten die Eltern beteiligt werden, indem sie Tag für Tag die Ereignisse auf dem Projekttisch und der Projekttafel mitverfolgen können.

Das braucht man

- einen Projekttisch und eine Projekttafel
- Notizen über das Wissen, welches zusammengetragen wird (beispielsweise Listen auf denen Längen, oder Gewichte aufgeschrieben wurden)
- die vier Formulare
- einen Lotusplan
- Platz für die Ausstellung aller Dinge, mit denen gearbeitet oder gelernt wurde (je nach Projektinhalt Messwerkzeuge, Waagen etc.)
- Tablets oder andere Bildschirme zum Abspielen von Dokumentationsfilmen

Regeln für die Dokumentation von Projektarbeit

- Die Dokumentation zieht sich wie ein roter Faden durch den Projektverlauf. Dokumentieren heißt „zeigen" oder „beweisen". Jedes Projekt sollte dokumentiert werden.
- Es ist wichtig, alle Projektschritte auf vielfältige Weise zu dokumentieren, um die Bildungs- und Lernprozesse der Kinder festzuhalten. Mithilfe der Foto- und Video-Funktion eines Tablet-PCs oder eines Smartphones gelingt dies leicht. Ältere Kindergartenkinder können an der Dokumentation beteiligt werden.
- Alle Thesen der Kinder werden festgehalten und ausgehängt.
- Sollten Ergebnisse zusammengetragen werden, sind diese in Listen sorgfältig aufzubereiten und auszuhängen.
- Kinder erhalten die Möglichkeit, den Eltern die Projektschritte des Tages am Projekttisch zu erklären.

---

5   Zum Weiterlesen empfehlen wir „So gelingen spannende Bildungsprojekte im Kindergarten. Eine Schritt-für-Schritt-Anleitung" (Bananenblau 2016)

Darauf ist zu achten

- Der Projekttisch und die Projekttafel müssen von den Kindern gut erreichbar sein.
- Die Kinder sollten an der Gestaltung von Projekttisch und Projekttafel beteiligt werden.
- Den Eltern sollte ein Projektvorhaben im Vorfeld erläutert werden. Dies gelingt am besten im Elternabend.
- Auf das Projekt sollte regelmäßig im Elternbrief eingegangen werden.
- Man kann die Eltern einladen, sich an dem Projekt zu beteiligen, indem sie ihr eigenes Wissen zusteuern (zum Beispiel könnte ein Arzt etwas zum Thema Gesundheit beitragen) oder ein Lernerlebnis ermöglichen (so könnten Eltern die Kindergruppe beispielsweise in eine Firma einladen).

Ideen

Der Projekttisch

Eine Pinnwand wird an der Wand befestigt und davor wird ein Tisch gestellt. Die Projektwand wird mit den vier oben beschriebenen Fragestellungen und den dazugehörigen Projektschritten gefüllt. Es kommt dabei nicht darauf an, Fotos, Bilder und Gegenstände dekorativ auszustellen, sondern konkret und präzise darüber zu informieren, welche Fragen gestellt wurden, welche Thesen gebildet wurden und welcher Wissenszuwachs bei den Kindern erreicht wurde.

Unsere Erfahrungen zeigen, dass Eltern gerne am Projekttisch stehen bleiben und die Kinder beim Abholen stolz von ihren neu gewonnenen Erkenntnissen berichten.

Digital dokumentierte Projekte

Bildungsprojekte eignen sich hervorragend, um die Vorzüge der digitalen Technik auszunutzen – sei es eine „Snake Scope"-Kamera, die mit ihrem langen, biegsamen Hals in Astlöcher oder Bäche gesteckt werden kann und auf diese Weise für ungewöhnliche Einsichten sorgt, oder auch ein digitales Mikroskop, das als Aufsatz für Tablets erhältlich ist und ebenfalls bei Ausflügen problemlos mitgenommen werden kann. Diese Aufnahmen und Geräte Eltern nahezubringen, schafft Transparenz in der Bildungsarbeit.

Dokumentieren mit Apps

Für Projektdokumentationen hat sich die App „Puppet Pals" bewährt. Sie erlaubt bereits jüngeren Kindern (ab vier Jahren), einfache Filme zu drehen oder Fotos zu machen. So können die Kinder den Ablauf von kleinen Experimenten aufzeichnen – von der Bereitstellung der nötigen Materialien bis zum Ergebnis und einem Interpretationsversuch. Diese Videos mit den Erklärungen der Kinder können anschließend in das digitale Portfolio geladen werden. Auch Sprachaufnahmen als Live-Synchronisation des Gezeigten sind möglich. Diese App kann kostenlos heruntergeladen und direkt auf dem Tablet-PC installiert werden.

Solche Videosequenzen eignen sich außerdem hervorragend zur Präsentation beim nächsten Elternabend. Sie wirken sehr anschaulich und können den Eltern die Bildungsarbeit in der Einrichtung an einem konkreten Beispiel sehr gut verdeutlichen.

KAPITEL 8

Die Kalendertafel – Aufschreiben und Wegwischen

In diesem Kapitel machen wir einen Vorschlag zur übersichtlichen Gestaltung von Elterninformationswänden. Wir erklären, worauf Sie achten sollten, wenn sie die Informationswand in der Kita gestalten, damit diese von Eltern und Mitarbeitern gut wahrgenommen wird.

Darum geht es

In jeder Kindereinrichtung gibt es eine ganze Reihe von Informationen, die über Aushänge transportiert werden. Manche dieser Aushänge sind vom Gesetz her verpflichtend, andere dienen dazu, den reibungslosen Ablauf des Alltages zu gewährleisten. Meistens wird nicht viel über die Art und den Platz von Aushanginformationen nachgedacht. Die Folge ist ein buntes Chaos von Zetteln und Postern, die von Eltern häufig übersehen werden. Daher raten wir dazu, den Informationsbedarf zu analysieren und genau festzulegen, welche Informationen über Aushänge transportiert werden müssen (Brandschutzpläne, Fluchtplan etc.) und welche auf anderen Wegen an die Eltern herangetragen werden können (zum Beispiel die Einladung zum Elternabend).

Steht dies fest, sollten die Wände einmal genau inspiziert werden. Im oberen Bereich hängen die Informationen für die Erwachsenen, deshalb wirken die Wände hier auch wenig bunt, dafür eher sachlich. An welche Stelle passen nun welche Aushänge? Für Brandschutzaushänge und Fluchtwegplan hat der Gesetzgeber einen Ort festgelegt, an dem diese in jedem Haus zu finden sein müssen.

Aushänge mit wenigen Änderungen im Laufe des Kitajahres wie die Teamtafel und die Tafel der Elternvertreter haben ebenfalls einen festen Ort.

Getrennt von all diesen Standardinformationen gibt es eine Art schwarzes Brett, welches sich zur Informationsübermittlung wenig bewährt, aber trotzdem überall durchgesetzt hat. An diesem Brett sammeln sich Zettel und niemand nimmt eine Information, die daran aushängt, wahr. Um dies zu ändern, empfehlen wir, das schwarze Brett durch eine Kalendertafel zu ersetzen.

Wie eine Kalendertafel aussehen sollte

Aktuelle Elterninformationen müssen auf einen Blick erfasst werden können. Die Kalendertafel muss deshalb übersichtlich und gut strukturiert sein. Sie ist deutlich getrennt von den gesetzlich geforderten Aushängen und der Teamtafel angebracht. Wenn es keinen Platz in der Elternecke gibt, wird sie so im Eingangsbereich platziert, dass die Eltern beim Betreten der Einrichtung daran vorbeikommen.

Die Kalendertafel besteht aus farbigem Acrylglas und ist mit Kreidestiften beschreibbar. Auf der Acrylglasplatte sind alle Tage des Monats aufgedruckt. Die Erzieherinnen schreiben mit Kreide darauf, wann die Gruppe schwimmen geht, wann Elternabend ist oder wann ein Fest stattfindet. Ist das Ereignis vorbei, wird die Notiz abgewischt.

Ziel ist es, dass wenige wichtige Informationen, wie zum Beispiel aktuell anstehende Termine, schnell und im Vorbeigehen vermittelt werden.

Das braucht man

- eine Acrylglasplatte
- Kreidestifte

Regeln für die Kalendertafel

- Die Kalendertafel wird regelmäßig (mindestens einmal im Monat) aktualisiert.
- Es wird auch innerhalb des Monats darauf geachtet, dass alle Informationen immer aktuell sind und abgelaufene Ereignisse entfernt werden.
- Wenige wichtige Informationen sollen auf der Tafel stehen.
- Auf die Tafel sollten keine Zettel geklebt werden.

Darauf ist zu achten

- Man sollte sich auf das Wesentliche beschränken: Es geht um kurze Infos, die im Vorbeigehen erfasst werden können.
- Durch eine gute optische Gestaltung kann die Aufmerksamkeit der Eltern gesteigert werden.

Ideen

Über Elternmail oder einen geschützten Bereich auf der Internetseite informieren

Es ist eine Frage der Zeit und der Gewöhnung, das Informationsverhalten in der Kindereinrichtung zu ändern. Wer ganz und gar auf die Information per Aushang verzichten will, kann dies tun. Dafür muss allerdings garantiert sein, dass alle Eltern und Mitarbeiter die Informationen auch digital abrufen können.

Bis auf Brandschutzaushänge und Fluchtpläne kann auf alle anderen Aushänge verzichtet werden, wenn die Information digital bereitsteht.

Ein schöner Vorteil der digitalen Welt ist folgender: Wenn Tagesdokumentationen, Elternbriefe und Mitarbeitervorstellungen zukünftig online bearbeitet werden und damit schwarze Bretter und Informationswände im Eingangsbereich entfallen, wird es mehr Platz für Kinderkunstwerke geben!

KAPITEL 9

Die Teampräsentation – Wir stellen uns vor

In diesem Kapitel machen wir Vorschläge für die professionelle Gestaltung von Teampräsentationen. Teampräsentationen sind wie ein Aushängeschild. Sie verraten weitaus mehr über die Kita, die darin herrschende Kultur, die Mitarbeiter und die Betreuungsqualität, als den Erzieherinnen oftmals bewusst ist.

Darum geht es

Im Eingangsbereich des Kindergartens hängt eine Tafel. Darauf stellt sich das Team vor. Doch oftmals sind die Portraits der Erzieherinnen zwischen den zahlreichen Dekorationselementen – zwischen Herzen, Sternen, Blumen und viel bunter Farbe – kaum zu erkennen. Erzieherinnen sollten überlegen, ob sie sich als ernstzunehmende pädagogische Fachkräfte oder als kindische Spieltanten präsentieren wollen. Herzchen und Blümchen auf der Teamtafel deuten wohl eher auf Letzteres hin. Dagegen sehen in manchen Kindergärten die Teamtafeln lieblos aus. Manche der aufgeklebten Bilder sind verrutscht, an anderen Stellen fehlen die Bilder ganz. Alte Bilder, die vergilbt sind oder auf denen die Erzieherinnen kaum wiederzuerkennen sind, zeugen davon, dass die Teams sich selbst nicht besonders wertschätzen.

Es ist sinnvoll, sich mit der Frage zu beschäftigen, wie eine sachliche Teampräsentation aussehen kann und welche Fotos dafür eigentlich geeignet sind. So banal es auch klingen mag, die Teampräsentation will gut überlegt und sorgfältig gestaltet sein. Dabei gibt es etliche Regeln einzuhalten.

Es ist ein No-Go, wenn Erzieherinnen sich mit einem Kind auf dem Arm präsentieren. Das mag kurios klingen, doch eine solche Teampräsentation haben wir schon gesehen. Auf Nachfrage berichteten die Erzieherinnen, dass sie mit diesen Fotos ausdrücken wollten, dass das Kind bei ihnen im Mittelpunkt steht. Die Eltern haben dies anders interpretiert und auf den Fotos Personen gesehen, die ihr Lieblingskind präsentieren. Der daraus entstandene Konflikt zwischen Team und Eltern war nicht leicht zu schlichten.

Wie Teampräsentationen aussehen können

Die Tafel für die Teampräsentation braucht zuallererst einen guten Platz. Am sinnvollsten ist es, sie an einem Ort anzubringen, der nicht auch noch für andere Informationen und Aushänge genutzt wird. Es eignet sich ein Rahmen mit einem gut gestalteten Poster, auf dem alle Teammitglieder zu sehen sind.

Die Bilder sollten gerade und in einer Reihe abgedruckt oder aufgeklebt sein. Eine Überschrift in einer sachlichen Schriftart „Unser Team" oder „Das sind wir" und der Name des Kindergartens geben an, worum es geht.

Die Fotos der Mitarbeiter sollten nicht wahllos zusammengesucht werden. Man muss sich zuvor entscheiden, ob man Schwarz/Weiß- oder Farbfotos verwenden will. Eine Mischung beider Fotoarten sieht nicht gut aus und könnte unterschiedliche Wertigkeiten der Teammitglieder ausdrücken.

Wichtig ist außerdem, gute Porträtfotos zu verwenden und alle Teammitarbeiter im selben Fotoausschnitt abzubilden.

Die Teampräsentation braucht einen Rahmen. Hier empfehlen wir, einen Klapprahmen zu verwenden, denn dieser lässt sich leicht öffnen, um den Inhalt auszuwechseln. Wechselt ein Teammitglied, muss entweder das Poster neu ausgedruckt werden oder das Bild vorsichtig überklebt werden.

Zu jedem Bild braucht es eine Bildunterschrift. Auf diese muss man sich im Vorfeld einigen. Wir empfehlen: Vorname, Nachname, Funktion. Die Funktionen im Kindergarten sind eigentlich klar: Kindergartenleitung, Erzieherin, Gruppenerzieherin etc.

Die Teampräsentation sollte als Datei mit dem oben beschriebenen Basis-Layout vorhanden sein. Der Wechsel von Fotos und Bildunterschriften geht dann schnell und unkompliziert. Es muss nichts ausgeschnitten und aufgeklebt werden. Das Format, die Größe, die Schriftart und die Anordnung der Fotos lassen sich voreinstellen. So können Fehler vermieden und Arbeit gespart werden.

Erzieherinnen sollten sich in der Teampräsentation grundsätzlich mit Vor-und Nachnamen vorstellen. Wer sich als „Julchen" oder „Paule" präsentiert, muss sich nicht wundern, wenn er oder sie später von den Eltern nicht ernst genommen wird. Die Benennung der Funktion unter dem Namen macht deutlich, dass es sich um Fachkräfte handelt.

Das braucht man

- einen Klapprahmen
- gute Fotos
- eine Struktur, am besten eine Dateivorlage oder ein Formular
- Klebestift

Für die Erstellung der Dokumentation am Computer braucht es nur ein wenig Erfahrung, die Fotos in digitaler Form und einen Drucker, der große Formate ausdruckt. Bis zum Format A3 schaffen es die meisten Bürodrucker problemlos. Wer die Teamtafel größer gestalten möchte, kann in den nächst gelegenen Copy-Shop gehen und diese dort ausdrucken.

Die Teamtafel kann auch digital sein. Dazu wird ein preiswertes Tablet an der Wand angebracht und das fertig gestaltete Teamposter darauf gespielt.

Teams, die einen Informations-Fernseher im Elternbereich haben, können die Teampräsentation darüber laufen lassen.

Regeln für die Teampräsentation

- sachlich, schlicht, professionell und am besten standardisiert

Darauf ist zu achten

- Auf den Datenschutz ist unbedingt zu achten! Daher sind nie mehr als drei persönliche Angaben auf einmal über eine Person preiszugeben: Foto, Vor- und Nachname sind auf einer Präsentation ausreichend. Die Funktion ist keine persönliche, sondern eine berufliche Information.
- Alle abgebildeten Personen sollten auf die gleiche Art fotografiert werden. Das macht man am besten selbst. Tablets und Smartphones verfügen über eine Fotofunktion, die sich sehr leicht benutzen lässt und meist sehr gute Fotos erzeugt. Man sollte zuvor über den Hintergrund des Fotos und den Ausschnitt nachdenken. Alle abzubildenden Personen sollten vor demselben Hintergrund fotografiert werden. Geeignet ist ein Bildausschnitt, der die Person vom Scheitel bis zur Brusthöhe erfasst.
- Auch bei digitalen Teampräsentationen sollte man auf Standards achten: Die Bilder sollten gerade in einer Reihe sein, oben mit einer Überschrift in sachlicher Schriftart, unter den Bildern klein, aber gut lesbar, in gleicher Schriftart sollten die Bildunterschriften gestaltet werden.
- Wer es besonders gut machen will, schreibt an den unteren Bildrand, wer die Tafel wann erstellt hat: Erstellt am: ... Erstellt durch: ...

- Auch an Folgendes denken: Die Tafel präsentiert das Team einer Kita! Also sollten alle abgebildeten Personen in Kleidung, Haltung und Gesichtsausdruck auch wie Kita-Profis aussehen.

Ideen

Teampräsentationen kann man digital erstellen und als PowerPoint oder Keynote über einen Bildschirm laufen lassen. Der Vorteil besteht darin, dass sich Änderungen an der Präsentation einfach umsetzen lassen.

Inzwischen gibt es auf dem Markt eine Menge Software zur Kindergartenverwaltung. Viele von diesen Programmen verfügen auch über Module, die zur Kommunikation mit Eltern geeignet sind und über die sich Informationen transportieren lassen. Auch über ein solches System kann sich das Team präsentieren.

Check-in-Systeme

Diese Art von Software gibt es inzwischen auch für den Kindergarten. In diesem System sind alle Kinder und Mitarbeiter enthalten. Sie geben Auskunft darüber, wer aktuell im Haus ist, wer später kommt, wer gerade auf einem Ausflug ist usw. Ordentlich gepflegt, können über dieses System ebenso Informationen, die notwendig sind und dem Datenschutz entsprechen, an die Eltern he-

Sandra Vollmer
Erzieherin
Klax-Fachpädagogin

Ruth Schneider
Erzieherin

Saskia Sophie Ellenkamp
Erzieherin

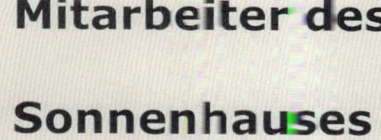
Mitarbeiter des
Sonnenhauses

Marita ...
...

rausgegeben werden. Auf diese Weise werden Teamposter überflüssig.

Wer Papier grundsätzlich gegenüber der digitalen Darstellung bevorzugt, sollte dennoch für das Teamposter eine Format-Vorlage erstellen und diese dann immer wieder benutzen.

Für das Foto der Teampräsentation gilt das, was viele schon vom Führerschein, Ausweis und der Bewerbung kennen:

- ■ Die Person muss auf dem Foto gut zu erkennen sein.
- ■ Das Foto sollte dem tatsächlichen Alter und Aussehen der Person entsprechen
- ■ Ob das Foto in Farbe oder Schwarz/Weiß erstellt wird, ist jedem selbst überlassen. Es sollte aber einheitlich sein.
- ■ Es sollte sich um eine freundliche, sachliche Abbildung, vom Scheitel bis zur Brusthöhe, handeln.
- ■ Auf die Kleidung ist zu achten! Die Kleidungs- und Sicherheitsregelungen der Kita sollten eingehalten werden.
- ■ Tätowierungen und Piercings sind zu bedecken oder aus dem Gesicht zu entfernen. Mit Ohrringen und langen Fingernägeln wird nicht gearbeitet, also erscheinen diese auch nicht auf dem Foto.
- ■ Auf starke Schminke sollte ebenfalls verzichtet werden.

KAPITEL 10

Transparente Bildungsplanung – Wir haben einen Plan

In diesem Kapitel beschreiben wir, wie Kindergärten den Eltern einen Einblick in die pädagogische und strukturelle Planung der Kita geben können. Es gibt verschiedene Vorgehensweisen zur Planung in Kindergärten. Was eignet sich für die Kommunikation mit den Eltern und was muss dabei beachtet werden?

Darum geht es

Jeder Kindergarten folgt Routinen und Ritualen. Dazu gehört es, das Jahr, den Monat und die Woche zu planen, dem Plan zu folgen und darüber zu berichten. Planung hilft allen Mitgliedern der sozialen Gemeinschaft zu wissen, was an welchem Tag passieren wird, unter welchem Motto welcher Monat steht und wie sich die Aktivitäten des Kindergartens in den Jahreskreis einordnen. Wann Eltern mit ihren Kindern Urlaub machen und welche Erzieherin wann frei bekommt, das alles hängt von der Planung im Kindergarten ab oder beeinflusst diese entscheidend. Es reicht also nicht nur, zu planen. Die Planung muss gut kommuniziert und verlässlich eingehalten werden. Geplant werden sowohl Strukturen als auch pädagogische Inhalte.

In guten Kindergärten wird das pädagogische Vorgehen zwischen den Erzieherinnen im Voraus verabredet. Dazu organisieren die Teams monat-lich eine Planungssitzung. Zuerst werten sie die Beobachtungen der vergangenen Wochen aus und diskutieren diese. Dann legen sie das Thema für den nächsten Monat fest und überlegen, durch welche Aktivitäten und Angebote sie die Kinder ein Stück weit herausfordern können, damit diese etwas Neues lernen. Bevor hier etwas festgelegt wird, wird der Bildungsplan zurate gezogen, um den darin enthaltenen Auftrag für den jeweiligen Bildungsbereich noch einmal genau zu verstehen. Die Überlegungen des Teams führen schließlich zu Entscheidungen und festen Verabredungen, die in der Planung festgehalten werden.

Wir empfehlen das Arbeiten mit dem Lotus-plan. Im zentralen Feld wird das Thema eingetragen, während in den einzelnen Blüten der jeweilige Bildungsbereich steht, um welchen herum die Pädagogen die konkreten Vorhaben festhalten. Da niemand wirklich genau vorhersehen kann, wie ein Bildungsprojekt ablaufen wird, wird der Lotusplan zu Beginn niemals vollständig beschrieben. Erst in Laufe des Monats werden weitere Aktivitäten eingetragen. Der Lotusplan wird öffentlich ausgehangen, damit die Eltern diesen einsehen können. Ein guter Platz für den Lotusplan ist die Elternecke.

Die Eltern über die Tagesplanungen im Kindergarten zu informieren, kann über einen Aushang erfolgen. Jedoch wird die Jahresplanung am besten per E-Mail verschickt, und zwar in Form einer übersichtlichen Tabelle. Auch Angebotsplanung und Wochenplan können auf digitalem Weg für die Eltern transparent gemacht werden.

Wie Planung aussehen sollte

Die öffentliche Planung der Kindereinrichtung bezieht sich stets auf die Gruppe und niemals auf das einzelne Kind.

Der Lotusplan
Die allgemein gehaltenen Eintragungen im Lotusplan und der Gruppenbezug können Eltern irritieren. Daher ist es wichtig, jedes Planziel mit einem Hinweis auf die Stufenblätter oder aber auf den Bildungsplan zu versehen.

Der Wochenplan
Da der Lotusplan selten selbsterklärend ist, sollte es neben dem Lotusplan stets weitere Aushänge geben. In vielen Einrichtungen wird zum Lotusplan ein Wochenplan ausgehangen. In diesem wird ganz konkret auf jeden einzelnen Wochentag eingegangen. Darin erfahren die Eltern, wann ein Ausflug stattfindet, was sie dem Kind zu einem solchen mitgeben müssen, welche Erzieherinnen anwesend sind oder welches Angebot zu welcher Zeit stattfindet.

Der Wochenplan ist im Grunde ein tägliches Informationsmedium für tagesaktuelle Veränderungen. Dies ließe sich auf dem digitaler Weg sehr viel einfacher an alle Eltern und Pädagogen kommunizieren. Hier gibt es verschiedene Möglichkeiten:

- Man könnte einen geschützten Bereich auf der Elternseite einrichten, den nur Eltern mit einem Passwort einsehen können. Dieser muss dann verlässlich jeden Morgen von der Leiterin mit einer Tagesinformation bestückt werden.
- Eine tägliche Rundmail an alle Eltern, die morgendlich durch die Leiterin an die Eltern verschickt wird, kann eingerichtet werden.
- Sofern die Kita mit einer Eltern-App arbeitet, können sogenannte Push-Mitteilungen an die Eltern versendet werden.

Die Angebotsplanung

Der Wochenplan wird durch eine dauerhaft aushängende Angebotsplanung ergänzt.

Diese Angebotsplanung macht deutlich, welche Gruppe an welchem Tag welches Angebot beansprucht. Die Eltern wissen also, dass ihr Kind zum Beispiel immer montags ins Atelier geht und dienstags Sport hat und können sich dementsprechend darauf einstellen.

Die Angebotsplanung wird einmal im Jahr erstellt und kann an die Eltern per E-Mail verschickt werden. Trotzdem sollte sie in der Kita aushängen. Dafür reicht allerdings ein Aushang im Büro der Leitung aus, da diese Planung für alle Pädagogen eine tägliche Orientierung ist und bei der Verschiebung von Angeboten benötigt wird. Gleichzeitig lässt sich daran die Raumbelegung ablesen.

Die Jahresplanung

Neben der Wochen- und Angebotsplanung muss es eine übersichtliche Jahresplanung geben. Der Jahresplan wird stets zu Beginn des Kita-Jahres an die Eltern verteilt und informiert über Schließzeiten, Kita-Fahrten, Feste und Elternabende. Der Jahresplan sollte ebenfalls in der Kita aushängen, sofern er nicht digital an die Eltern verschickt wird, da die meisten Eltern sich diesen ohnehin zu Hause ausdrucken und an den Kühlschrank hängen. Doch bei allen Änderungen im Laufe des Jahres muss unbedingt ein neuer Plan verschickt werden.

Das braucht man

- Planungsformulare: Lotusplan, Wochenplan, Angebotsplanung, Jahresplanung
- Planungstermine im Kalender der Kita
- einen guten Platz im Elternbereich zum Aushängen der Planungen
- alle E-Mail-Adressen der Eltern

Regeln für eine gute Planung

Sorgfalt: Planung ist wichtig, denn sie gibt allen Mitgliedern einer sozialen Gemeinschaft Orientierung und Sicherheit. Sie ermöglicht, dass alle sich einbezogen fühlen und sich beteiligen können. Daher ist es notwendig, gründlich und sorgfältig zu planen, um nicht im Laufe des Jahres oder des Monats alles wieder über den Haufen werfen zu müssen.

Planungsroutinen: Es braucht verlässliche Planungsroutinen im Kindergarten, die allen bekannt sind und an die sich alle gebunden fühlen.

Planungsinstrumente: Es ist wichtig, sich auf Planungsinstrumente zu einigen und diese dann dauerhaft zu benutzen. Stetig wechselnde Formulare, Vorlagen oder Aushänge irritieren Eltern und Mitarbeiter.

Verlässlichkeit: Sofern gemeinsam vereinbart wurde, dass monatlich ein Plan ausgehangen wird, sollte man sich an diese Vereinbarung halten. Eltern entnehmen aus der Planung viele wichtige Informationen, nach denen sie sich in der Organisation ihres Familienlebens richten. Fällt die Planung aus, kann dies zu Unmut führen und gleichzeitig den Eindruck erwecken, dass der Kindergarten seinen Bildungsauftrag vernachlässigt.

Teamarbeit mit den Eltern: Die Jahresplanung für das nächste Kita-Jahr führt die Leitung aus. Dies übernimmt sie besser nicht allein, sondern in Zusammenarbeit mit den Bezugserzieherinnen und den Elternvertretern. Denn an gemeinsam verabredete Termine fühlen sich alle gebunden.

Planungsänderungen transparent machen: Nicht immer kann alles durchgeführt werden, was geplant wurde. Manchmal kommt etwas dazwischen. In einer

funktionierenden sozialen Gemeinschaft kommt es auf Transparenz an. Deshalb sollten Planungsänderungen gut kommuniziert und begründet werden. Mit einem einfachen „fällt aus" ist es nicht getan.

Darauf ist zu achten

- Änderungen sollten vermieden werden. Falls es doch dazu kommt, sollten Planungsänderungen gut begründet und an alle kommuniziert werden.
- nichts einfach ausfallen lassen
- Die Planung ist für alle Beteiligten gleichermaßen zu ermöglichen, indem Planungstermine verabredet und Formulare benutzt werden.
- Es dürfen keine Planungen für einzelne Kinder ausgehangen werden.
- Veröffentlichte Planungen betreffen immer die gesamte Gruppe.
- Digitale Tagesinformationen kurz und übersichtlich halten. Hierbei eignet sich die Verwendung einer täglich wiederkehrenden Struktur. Weder Eltern noch Erzieher haben genug Zeit, täglich lange Mails zu lesen.

Ideen

Das digitale Portfolio

Hier lassen sich Planungen sowohl für die Gruppe als auch für das einzelne Kind abbilden. Die Eltern sehen jeweils nur den Teil, der ihr eigenes Kind betrifft.

Check-in Software

Hier sehen Eltern, welche Erzieherinnen anwesend sind und welche nicht. Ausflüge und Ereignisse des Tages können über die dazugehörge Eltern-App eingesehen werden.

KAPITEL 11

Das digitale Portfolio –
Vom Papier zur Datenbank

In diesem Kapitel beschreiben wir, wie Portfolioarbeit mit Hilfe von digitalen Medien vereinfacht werden kann und wie Pädagogen durch die Einbeziehung von Kindern und Eltern Zeit sparen können.

Darum geht es

Die Dokumentation der kindlichen Entwicklung und des kindlichen Lernens ist ein Qualitätsstandard, der in jeder Bildungs- und Betreuungseinrichtung in Deutschland selbstverständlich sein sollte. In den Bildungsprogrammen der Bundesländer wird deshalb eine Lerndokumentation eingefordert, meistens ist dabei vom Portfolio die Rede. Mit der Bildungsdokumentation für das einzelne Kind erfüllt der Kindergarten einen wesentlichen Teil seiner Informationspflichten gegenüber den Eltern.

Umgesetzt wird dieser Anspruch allerdings auf unterschiedlichste Weise. Man kann zwar davon ausgehen, dass jedes Krippen-und Kindergartenkind eine Mappe hat, in der die Dinge abgelegt werden, die es in der Kindergartenzeit hergestellt, gemalt oder gezeichnet hat. Dazu kommen noch liebevoll gestaltete Bögen mit Fotos von besonderen Ereignissen aus dem Kindergartenalltag und

vielleicht noch ein Gruppenfoto. All dies wird den Eltern am Ende der Kindergartenzeit wie ein Geschenk ausgehändigt.

Doch mit Portfolioarbeit hat dies nicht allzu viel zu tun. Denn es fehlen eine chronologische Dokumentation der Lernschritte, die regelmäßige Reflexion des Lernens und die aktive Einbeziehung von Kindern und Eltern.

Die im Personalschlüssel vorgesehene Vorbereitungszeit – häufig nicht mehr als zwei Stunden pro Woche – wird meistens für die Vertretung erkrankter Kolleginnen eingesetzt, sodass die Dokumentation nur außerhalb der Arbeitszeit, also durch das Ableisten von Überstunden zu realisieren ist. Oftmals ist nur ein einziger Computer und nur eine Digitalkamera in der Kita vorhanden. Die Dokumentationsfotos müssen also mühselig ausgedruckt, aufgeklebt und in Plastikfolien gesteckt werden. Kein Wunder also, dass die individuelle Entwicklungsdokumentation für jedes einzelne Kind nur „so gut es eben geht" gemacht werden kann oder aber ganz und gar unter den Tisch fällt.

Wir empfehlen deshalb die Arbeit mit digitalen Portfolios. Es gibt bereits unterschiedliche Angebote auf dem Markt. Ein digitales Portfolio stellt nicht nur eine Arbeitserleichterung und Zeitersparnis für die pädagogischen Fachkräfte dar. Das digitale Portfolio ist ein Instrument, mit dessen Hilfe sich die Qualität in pädagogischen Einrichtungen verbessern und sicherstellen lässt. Und nicht zuletzt bietet es den Eltern die Möglichkeit jeden Tag zu erfahren, wie es ihrem Kind geht, selbst wenn sie nicht vor Ort sind.

Wie digitale Portfolios aussehen sollten

Computer sind eigentlich dumm, sie können nur „Ja-, und „Nein"-Befehle verarbeiten. Aber sie sind sehr gut im Sortieren von Dingen. Dies kann man sich zunutze machen, wenn man ein digitales Portfolio benutzt. Denn ein digitales Portfolio ist zunächst nichts weiter als eine Datenbank, die entsprechend des Papier-Portfolios strukturiert wurde. Die Kinder des Kindergartens werden in das System eingetragen, nach Gruppen sortiert und der jeweiligen Gruppenerzieherin zugeordnet.

Im System sind die Stufenblätter hinterlegt und den jeweiligen Bildungsbereichen zugeordnet. Das digitale Portfolio lässt sich auf jedem Tablet-PC, Smartphone oder Computer aufrufen. Der Zugang zu den Kinderdaten ist mit Passwörtern geschützt. Jeder Nutzer bekommt einen Zugang für einen bestimmten Bereich. So ist es möglich, dass die Leiterin die Portfolios aller Kinder einsehen kann, die Gruppenerzieherin nur die ihrer Kinder und die Eltern nur das ihres Kindes.

Wird nun ein Foto gemacht, kennzeichnet die Erzieherin dieses mit einem Vermerk (tag). Sie gibt an, welches Kind zu sehen ist, zu welchem Bildungsbereich und zu welchem Stufenblattziel das abgebildete Ereignis passt. Sie kann zudem einen kurzen Text schreiben und schon ordnet der Computer einen neuen „Geschafft! Gelernt!"-Eintrag dem Portfolio des Kindes zu.

Dies geht so einfach und so schnell, dass diese Form der Dokumentationsarbeit während der Angebote oder Ausflüge passieren kann.

In das digitale Portfolio lassen sich außerdem Filme einordnen. Puppet-Pals-Video-Präsentationen des Kindes können direkt von dem Kind selbst in das digitale Portfolio eingebracht werden.

Die Eltern können sich nun jeden Tag ein Bild über die Lernentwicklung ihres Kindes machen oder selbst Entwicklungsschritte einstellen, die sie zu Hause gesehen und aufgezeichnet haben.

Mit dem digitalen Portfolio wird die Dokumentationsarbeit Teil des pädagogischen Alltags, kann zeitsparend von Kindern, Eltern und Erziehern gemeinsam erledigt werden.

Regeln zum Einsatz von Fotos im Kindergarten

- Kinder sollten nicht von oben fotografiert werden, dadurch werden die Köpfe sehr groß und das Foto sieht seltsam verzogen aus.
- Keine nackten Kinder abbilden!
- Es ist darauf zu achten, dass im Betreuungsvertrag ein Passus zur Dokumentation von Bildungsereignissen mit Fotos zum kindergarteninternen Gebrauch und zur Verwendung in Portfolios enthalten ist, der die Erlaubnis der Eltern sichert.
- Es sind stets Fotos auszuwählen, die das Kind, um das es geht, im Mittelpunkt zeigen.
- Die Abbildung auf den Fotos sollte stets mit dem Entwicklungsschritt und dem Bildungsereignis zusammenhängen.
- Fotos sind mit einer Bildunterschrift zu versehen, die das Bildungsereignis erklärt.
- Fotos, auf denen Kinder in lächerlichen oder unschönen Situationen abgebildet werden, werden aussortiert.

Die im digitalen Portfolio enthaltene Datenbank lässt dabei verschiedene Auswertungen zu. So kann man unter anderem nachverfolgen, wo jedes einzelne Kind in seiner Lernentwicklung steht oder was die Kindergruppe schon kann. So können pädagogische Fachkräfte erkennen, in welchem Bildungsbereich im Kindergarten etwas mehr getan werden müsste.

Das braucht man

- ein digitales Portfolio
- Digitalkamera, Tablet-PC oder Smartphone
- Es müssen klare Regeln darüber existieren, welche Fotos und Videos ins Portfolio aufgenommen werden. Grundsätzlich lautet die Regel, dass Fotos, die das Empfinden der Eltern oder Kinder verletzen könnten (zum Beispiel Nacktdarstellungen, belustigend wirkende Momentaufnahmen), keinen Platz im Portfolio bekommen.

Regeln für die Arbeit mit dem digitalen Portfolio

- Das Portfolio ist kein Sammelsurium wahllos zusammengestückelter Dokumente, Bilder oder Fotos. Ein Portfolio muss Lernerfolge und Bildungsziele sichtbar machen. Deshalb sollte regelmäßig überprüft werden, ob die Portfolio-Einträge aussagekräftig und präzise die Lerngeschichte eines Kindes dokumentieren.
- Auch wenn sich Eltern im digitalen Portfolio zu jeder Zeit über den Entwicklungsstand ihres Kindes informieren können, zeigt jedes Kind mindestens einmal im halben Jahr im Beisein seiner Bezugserzieherin das Portfolio den Eltern. Dabei berichtet das Kind anhand der „Geschafft! Gelernt!"-Blätter darüber, was es im letzten halben Jahr erlebt und erreicht hat.

- Die Kinder sollen an der Dokumentation beteiligt werden. Immer wieder wird darüber diskutiert, dass unsere Gesellschaft selbständige und selbstbewusste Menschen braucht. Die Kinder das Portfolio alleine und selbständig führen zu lassen – das dürfte in der ältesten Krippengruppe teilweise umsetzbar und spätestens ab dem vierten Lebensjahr vollständig möglich sein.
- Das Portfolio ist keine Kinderakte: Vertrauliche, interne, zwischen Erzieherinnen ausgetauschte Informationen, die für Kinder und Eltern irritierend sein könnten, sowie ärztliche Bescheinigungen gehören nicht ins Portfolio.

Darauf ist zu achten

- Den Eltern ist rechtzeitig vor der Einführung in die digitale Portfolioarbeit verständlich zu erläutern, wie der Datenschutz bei der digitalen Portfolioarbeit berücksichtigt wird.
- Man sollte regelmäßig darauf hinweisen, dass auch die Eltern selbst Entwicklungsschritte einstellen können, die sie zu Hause beobachtet und dokumentiert haben.
- Jeder User sollte seinen Zugang mit einem sicheren Passwort schützen.
- Es kann helfen, auch mal einen Schritt zurückzutreten und zu überprüfen, ob die Portfolio-Einträge aussagekräftig und präzise die Lerngeschichte eines Kindes dokumentieren.
- Jedes hochgeladene Foto oder Video mit einem kurzen Text versehen, der auf das erreichte Lernziel hinweist.
- Die Kinder sollten an der Dokumentation beteiligt werden. Dies kann bei Ausflügen, während naturwissenschaftlicher Experimente oder beim Geschichtenerzählen umgesetzt werden.
- Mit Kindern, Eltern und Pädagogen sind klare Regeln für den angemessenen Umgang mit Fotos oder Videos zu vereinbaren.

- Die Datenbank des Portfolios sollte des Weiteren regelmäßig zur Auswertung der pädagogischen Qualität in Teambesprechungen genutzt werden: Wo steht jedes einzelne Kind in seiner Lernentwicklung? In welchem Bildungsbereich müsste etwas mehr getan werden?

Ideen

Stufenblätter

Das Lernen der Kinder zu verfolgen, ist gar nicht so einfach. Pädagogische Fachkräfte lösen diese Herausforderung, indem sie Entwicklungstabellen aufstellen und mit deren Hilfe das Lernen der Kinder dokumentieren.

Eine hilfreiche Entwicklungstabelle sind die Stufenblätter. Sie sind nach Bildungsbereichen gegliedert, beginnen mit der Geburt und setzen sich wie eine Treppe bis ins Erwachsenenalter fort. Auf jedem Stufenblatt befinden sich die zu dem Bildungsbereich und zu dem Alter des Kindes passenden Lernziele, die auf jeden Fall erreicht werden sollten. Es ist natürlich auf jedem Stufenblatt ausreichend Platz, um neue und individuelle Lernziele hinzuzufügen. Mithilfe der Stufenblätter lassen sich Lernereignisse präzise ins Portfolio einordnen. Damit dies gelingt, sind im digitalen Portfolio in jedem Bildungsbereich die Stufenblätter sortiert.

Sprachentwicklung aufzeichnen

Zur Begleitung der Sprachentwicklung eignen sich Smartphones oder Tablet-PCs, denn sie haben Aufzeichnungsfunktionen.

Entwicklungsgespräche führen

Anstelle von Elterngesprächen, in denen es meist um verlorene Kindersachen oder schlechtes Verhalten der Kinder geht, sollten in einem Bildungskindergarten Entwicklungsgespräche geführt werden.

Dieses Gespräch wird von beiden Seiten – Eltern und Kindergarten vorbereitet.

Es hangelt sich an Fragestellungen entlang, die beide Seiten beantworten. Die erste Frage ist: „Was tut das Kind gerade?" Ist diese beantwortet geht es darum eine Einordnung zu treffen: „Wie deuten wir dies?" Dann wird gemeinsam abgestimmt, was eine nächste Herausforderung für das Kind sein könnte. Zum Schluss legen beide Seiten fest, durch welche konkreten Maßnahmen sie das Kind weiter fördern werden.

Solche Elterngespräche beziehen sich auf die Entwicklung und das Lernen des Kindes. Deshalb halten wir sie für besonders sinnvoll und auch beim Einsatz von digitalen Portfolios für notwendig.

Wifi

- Pädagogen
- Internetzugang
- Zusammenarbeit

Familien

- Anmeldung
- Portfolio des Kindes
- Krankmeldungen
- Urlaubsabmeldung
- Anmeldung zu Veranstaltungen
- Kommunikation

Kinder

- Spielen und Lernen
- Internet
- Benutzung pädagogischer Programme
- Elternkommunikation

Teil 3:
Die vernetzte Kita

Mitarbeiter

- Intranet/Internet
- Zusammenarbeit
- Lehrpläne/Stufenblätter
- Kinderportfolio
- Dokumentation
- pädagogische Beobachtung
- Elternkommunikation
- An- und Abmeldung

Administration

- Budget
- Personal
- Berichtswesen
- Aufgaben und Ziele
- Kommunikation
- Platzkapazität
- Konzept und Image

KAPITEL 12

Elli ist heute krank – Chancen und Risiken digitaler Kommunikationswege

In diesem Kapitel gehen wir der Frage nach, wie sinnvoll es ist, wenn Erzieherinnen per WhatsApp, iMessage oder SMS mit Eltern vernetzt sind. Wir beschreiben die Chancen und Grenzen einer engen Zusammenarbeit von Eltern und Kita.

Darum geht es

Erzieherinnen fällt es erfahrungsgemäß oft nicht leicht, die richtige Balance zwischen Nähe und professioneller Distanz zu wahren. Dabei handelt es sich um einen klassischen Konflikt: Auf der einen Seite müssen Erzieherinnen eine vertrauensvolle Atmosphäre herstellen – und deshalb bringen sie sich im Kita-Alltag gern mit ihrer ganzen Persönlichkeit ein, sie glühen für ihren Beruf. Umso wichtiger ist es, sich der Grenze der pädagogischen Beratungstätigkeit bewusst zu werden. Denn die ständige Erreichbarkeit per E-Mail, SMS oder WhatsApp-Nachricht schafft zwar Flexibilität, kann aber gleichzeitig die Belastung erhöhen. Sowohl Eltern als auch Erzieherinnen müssen über diese Balance zwischen Nähe und professioneller Abgrenzung in der vernetzten Welt sehr genau nachdenken und gemeinsame Regeln aufstellen. Es ist wichtig, nicht aus Scheu vor einem ehrlichen Gespräch in eine „Es-allen-recht-Macheritis" zu

verfallen, sondern freundlich, aber dennoch entschieden eine „klare Kante" zu zeigen: Nicht alle Elternwünsche lassen sich erfüllen.

■ Sollte es zum Beispiel wirklich selbstverständlich sein, dass Erzieherinnen auch noch spät abends auf WhatsApp-Nachrichten von Eltern antworten, die besorgt nachfragen, was genau ihr Kind heute am Einschlafen hindert? Darf man als Erzieherin oder Leitung nicht erreichbar sein, wenn das Diensthandy abends klingelt und Nachrichten auf dem Display aufleuchten? Wie geht man dann eigentlich am nächsten Tag auf eine angemessene Weise um, wenn Eltern direkt fragen: „Warum hast du mir denn nicht geantwortet?" Eltern und Erzieherinnen sollten deshalb genau absprechen, wo hier die Grenzen zwischen Arbeit und Freizeit liegen. Denn eins ist klar: Keine Leitung und keine Erzieherin schuldet Eltern eine Rund-um-

cie-Uhr-Erreichbarkeit. Gerade bei einer von Eigenverantwortung geprägten Arbeitsweise ist dieser Gedanke besonders wichtig.

- Wie gehen Erzieherinnen und Leitungen camit um, wenn sie abends mal eine E-Mail verschicken und prompt am nächsten Tag in einer seltsamen Mischung aus Mitleid und Vorwurf zu hören bekommen: „Haben Sie denn nie Feierabend?". Nun müssen sie cen Eltern immer wieder erklären, dass sie keineswegs ein Workaholic sind, der sich gerade kurz vorm Burn-Out befindet, sondern cass es eine eigene freie Entscheidung ist, wenn man dies macht – und nicht etwa, weil man vor lauter Arbeit auch noch zu Hause auf cem Sofa weiterarbeiten muss.

- Wenn Eltern zunehmend die Möglichkeit nutzen, mit der Kita per E-Mail zu kommunizieren, kann dies zur Folge haben, dass Absprachen, die eigentlich direkt mit der Bezugsgruppenerzieherin getroffen werden müssten, nun gleich bei der Leitung landen – ganz einfach deshalb, weil die E-Mail-Adresse der Leitung durch das Versenden ces Elternbriefs und der Rundmails schneller gefunden ist. Die Erzieherinnen können cieses Vorgehen jedoch leicht als Beschwerde empfinden, sie fühlen sich übergangen oder sogar nicht ernst genommen: „Warum fragen cie Eltern denn nicht mich?" Dabei ging es den Eltern doch nur darum, eine schnelle Antwort auf eine aktuelle Frage zu bekommen.

Wie eine vernetzte Kita aussehen könnte

Zunächst einmal ist eine klare Verständigung darüber vonnöten, dass eine Rund-um-die-Uhr-Erreichbarkeit nicht erwartet werden sollte – weder von Eltern noch von der Leitung noch von den Mitarbeitern untereinander.

Gegenüber der Tendenz, mit übertriebenem Ehrgeiz und einem ungesunden Gefühl der Aufopferung permanent über seine Grenzen zu gehen, möchten wir betonen, liebe Leitungen und Erzieherinnen, dass immer Sie selbst es sind, die entscheiden, ob Sie für Anfragen nach Dienstschluss verfügbar sein wollen. Wenn Sie Ihre eigene Gesundheit und Leistungsfähigkeit erhalten und fördern möchten, kann es für Sie hilfreich sein, in den Abendstunden oder am Wochenende das Diensthandy auszuschalten. Über sich selbst zu bestimmen, bedeutet in der digitalen Welt, sehr bewusst und achtsam zu entscheiden, was man tut.

Doch wie kann man trotzdem das wachsende Bedürfnis von Eltern nach stets aktuellen Informationen aus dem Kita-Alltag berücksichtigen? Einige Kindergärten haben inzwischen aktiv darauf reagiert, indem sie einen eigenen Kita-Blog oder sogar einen Instagram-Account eingerichtet haben und mit den Kindern gemeinsam Fotos von ihren Lernaktivitäten, vom Waldausflug oder dem Besuch bei der Feuerwehr posten.

Das braucht man

- ein Smartphone, auf dem zum Beispiel die kostenlose App Instagram aus dem App-Store heruntergeladen und installiert worden ist
- einen gemeinsamen Blog-Account, zum Beispiel bei bewährten Anbietern wie ww.tumblr.com, www.wordpress.com oder www.blogger.com, der mehreren Erzieherinnen das Hochladen von Fotos oder Videos erlaubt

Regeln für die vernetzte Kita

- Es sollten unbedingt klare Regeln darüber aufgestellt werden, in welchen Situationen eine SMS-Nachricht oder ein Anruf auf das Diensthandy sinnvoll erscheint. Diese Vereinbarungen sollten regelmäßig mit den Eltern besprochen werden, geht es hier doch um das Wechselspiel zwischen Arbeit und Privatem.
- Erzieherinnen und Leitung sollten sich gemeinsam darüber einigen, ob am Wochenende dienstliche E-Mails beantwortet werden sollten oder nicht.
- Ebenfalls sollten klare Vereinbarungen mit den Eltern getroffen werden, welche Fotos aus dem Kita-Alltag weitergeleitet werden dürfen.
- Es sollte nicht zuletzt klare und leicht verständliche Regeln für das Hochladen von Fotos und Videos geben: Am sichersten ist dabei die Variante, generel keine Personen zu zeigen, sondern stattdessen gebastelte Gegenstände wie zum Beispiel einen „Schrottbot", der aus Alltagsmaterialien und einem kleinen Motor zum Laufen gebracht werden konnte. Dies können außerdem Ergebnisse eines naturwissenschaftlichen Experiments sein, ungewöhnliche Entdeckungen bei einem Ausflug etc. Diese Regeln sollten den Eltern nachvollziehbar erläutert werden, sodass bestehende Ängste abgebaut werden.

Zwei Regeln für gute Elternkommunikation

- Alle Personen im Kindergarten haben Vor- und Nachnamen und benutzen diese.
- Zwischen Erwachsenen gelten jene Gesprächsregeln, wie sie auch in der Welt außerhalb der Kita üblich sind.

Darauf ist zu achten

- Erzieherinnen sollten den Eltern genau erläutern, in welcher Form Blog-Einträge oder Fotos auf Instagram kommentiert werden sollten. Das könnte zum Beispiel die folgende Regel sein: „In unseren Kommentaren richten wir uns immer an die gesamte Kindergartengruppe, nicht an einzelne Kinder." Gute Kommentare regen die Kinder zu weiteren Forschungen und Experimenten an, wenn sie diese gemeinsam mit ihrer Erzieherin lesen. Dies kann zum Beispiel durch die gezielte Nachfrage bei einem nur wenige Minuten zuvor geposteten Foto vom Waldausflug erfolgen: „Was sind denn das für Bäume im Hintergrund eures Fotos? Sind das Buchen oder Eichen?" Übrigens: Ganz nebenbei wird hier deutlich, dass digitale Medien und der Gang an die frische Luft nicht gegensätzlich behandelt werden müssen.

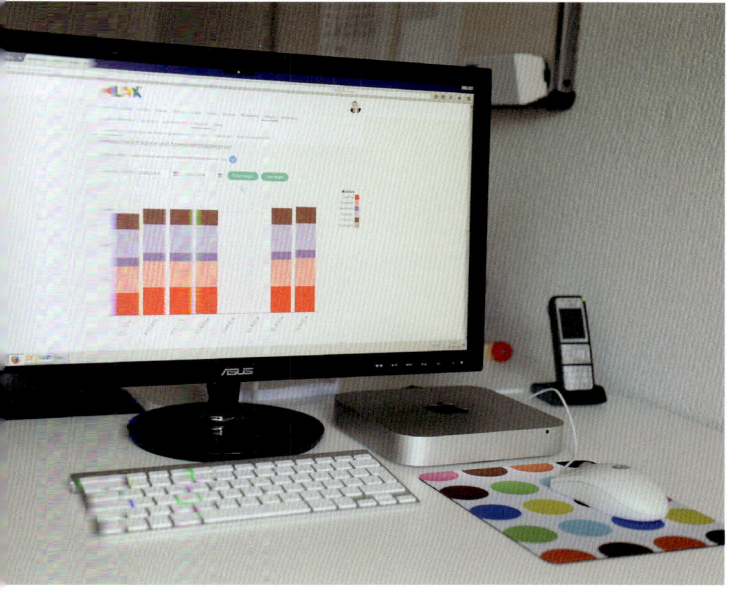

KAPITEL 13

Mama, darf ich mich einloggen? – Digitale Technik in der Kita richtig kommunizieren

In diesem Kapitel gehen wir darauf ein, welche technischen Entwicklungen in den Kindergarten Einzug gehalten haben und wie Eltern und Erzieherinnen damit umgehen. Es gibt inzwischen unterschiedlichste Softwareprogramme zur Kita-Verwaltung, zur Anwesenheitserfassung, zur Bildungsdokumentation und zur Information von Eltern. In einigen Kindergärten ist die eine oder andere Software längst eingeführt, andere diskutieren darüber, was sie einführen wollen. Manche Einrichtungen sind der Meinung, dass es auch ohne digitale Hilfe weitergehen kann.

Über den Einsatz digitaler Medien in Kitas wird aktuell viel und kontrovers diskutiert. Dies bedeutet nicht, dass die Kindergärten nicht längst über viele digitale Geräte verfügen. Ein Beispiel ist die gute alte Digitalkamera, die es seit vielen Jahren in den Kindergärten gibt. Der Computer im Büro, die Steuerungseinheit in Heizung oder Fahrstuhl sind digitale Geräte, die mittlerweile so selbstverständlich sind, dass niemand mehr darüber spricht.

Inzwischen kommen neue Arbeitserleichterungen für den Kindergarten dazu. Diese sind nicht mehr nur einfache Einbauten in Haus oder Ausstattung, es handelt sich um Software, die direkt den Alltag in den Einrichtungen beeinflusst. Software, die Arbeitserleichterungen schafft, die einmal installiert und richtig benutzt, Abläufe sichern und vereinfachen kann. Durch den Einsatz von Software wird in betrieblichen Prozessen Zeit gespart. Diese Zeit kommt im Kindergarten den Kindern zugute.

Die Verwaltungssoftware

In einem Kindergarten gibt es viel zu verwalten. Alleine die Verarbeitung der anfallenden Datenmenge ist aufwändig. Bei diesen Daten geht es nicht nur um Vor- und Nachnamen von Kindern, ihre Geburtsdaten und Wohnadressen. Es geht um die Zuordnung der richtigen Elterndaten zu jedem Kind. Die Erfassung von Verträgen, Betreuungszeiten, Bankdaten und Rechnungen im richtigen Kontext. Das alles ist eine Herausforderung, die Zeit frisst. Mit einem Verwaltungsprogramm wird hier einiges erleichtert. Zuständig für die Verwaltung der Kundendaten ist in vielen Einrichtungen die Kindergartenleitung. Manchmal wird diese Aufgabe auch von angestellten Mitarbeitern der Träger erledigt. Nun gibt es in der Klientel des Kindergartens viele Veränderungen. Ein Geschwisterchen wird geboren, die Familie zieht um oder ändert den Betreuungsvertrag. Eine Allergie wird bei einem Kind erkannt und schon muss der Essensvertrag geändert werden. Alle diese Änderungen müssen sehr gut überwacht und gründlich bearbeitet werden. Wäre es nicht schön, wenn Teile dieser Aufgabe von den Eltern selbst erledigt werden könnten? Wenn jedes Elternteil direkten Zugriff auf seine Daten hätte und diese bei Veränderungen selbst bearbeiten könnte? Dieser Gedanke ist kein Wunschtraum. Es gibt bereits Verwaltungssoftware für den Kindergarten, die dies realisieren kann und so jedem Elternteil die Verantwortung für die Richtigkeit der eigenen Daten übergibt. Verwaltungsprogramme erleichtern dem Kindergarten die Arbeit. Trotzdem gibt es häufiger Diskussionen, wenn ein Kindergarten sich auf den Weg macht, ein solches Programm einzuführen. Dies sollte den Kindergarten allerdings nicht davon abhalten, denn die eingesparte Arbeitszeit kommt am Ende den Kindern zugute.

Die Einführung einer Software muss gegenüber den Eltern sehr sorgfältig kommuniziert werden. Am besten ist es, die Elternvertretung vom ersten Tag an am Entscheidungsprozess zu beteiligen. Viele Eltern machen sich Sorgen über die Sicherheit ihrer Daten. Manche befürchten sogar, dass die Digitalisierung von Arbeitsprozessen zu Anonymität führt und die Zusammenarbeit mit der Kindergartenleitung oder der Gruppenerzieherin durch technische Systeme ersetzt wird. Hier müssen Sorgen aufgefangen und Abläufe erklärt werden.

Wichtige Fragen dabei sind: Wo steht der Server, auf dem die Daten aufbewahrt werden? Wie wird die Zusammenarbeit mit den Eltern gestaltet, wenn diese ihre Daten im System selbst pflegen und sich nicht mehr für

- Bevor eine Software beschafft wird, sollte erst genau geprüft werden, was man wirklich benötigt. Diese Überlegung muss sehr gründlich angestellt werden. Sinnvoll ist ein Workshop mit allen Beteiligten (Mitarbeitern und Elternvertretern) von mindestens einem Tag.
- Stehen die Anforderungen fest, sollte man drei Programme auswählen, die zum Bedarf passen.
- Die Software sollte man außerdem vorher testen. Die Anbieter stellen meistens Testzugänge bereit.
- Der Test sollte von möglichst allen Mitarbeitern durchgeführt werden, die später mit der Software arbeiten werden.
- Der Vertrag der ausgewählten Software sollte gründlich gelesen werden. Es ist sinnvoll sich von einem Fachanwalt erklären zu lassen, was im Vertrag geschrieben steht. Häufig sind stark verklausulierte Einschränkungen in der Leistung und beim Service im Vertrag versteckt. Diese sollte man unbedingt kennen, um später Enttäuschungen zu vermeiden.
- Die Einführung einer Software ist nicht von einem auf den anderen Tag erledigt. Meist braucht es Schulungen für die Mitarbeiter und viele zusätzlich aufzuwendende Arbeitsstunden, um alle Daten in das neue System einzupflegen. Ist dies geschafft, kann viel Zeit gespart werden.

diese Aufgabe an die Kitaleiterin wenden? Es ist wichtig, die Sorgen der Eltern ernst zu nehmen und geduldig jede Frage zu beantworten.

Eine wichtige Regel lautet: Wird ein vorher zwischenmenschlich abgehandelter Vorgang digitalisiert, muss die frei werdende Zeit für die Intensivierung menschlicher Beziehungen genutzt werden.

LogIn-Systeme

In jeder Kita wird Morgen für Morgen aufgelistet, wer bereits da ist und Abend für Abend abgehakt, wer abgeholt wurde. Diese Listen sind ein wichtiges Instrument der Anwesenheitskontrolle in den Einrichtungen, gleichzeitig sind sie notwendige Überprüfungsinstrumente im Falle eines Brandalarms oder anderer unvorhersehbarer Ereignisse.

Diese Listen bergen jedoch ein Datenschutzproblem in sich. Meistens liegen sie frei aus, damit die Eltern sich beim Bringen und Abholen der Kinder ein- und austragen können. Dabei sind die persönlichen Daten der anderen Kinder, die auf der Liste stehen, frei einsehbar.

Dieses Problem löst man am besten durch ein CheckIn-System. Viele Träger haben solche Programme selbst entwickelt. Es gibt zudem standardisierte Systeme auf dem Markt.

So könnte in der Kindergarderobe ein Bildschirm hängen, auf dem Fotos aller Kinder abgebildet sind, die in den Kindergarten oder die Gruppe gehen. Kommt ein Kind, können die Eltern oder das Kind selbst auf das Bild klicken und schon ist vermerkt, um welche Uhrzeit das Kind angekommen ist. Über dieses System können die Eltern außerdem feststellen, ob die Gruppenerzieherin des Kindes anwesend ist, ob sie frei hat oder aus anderen Gründen nicht in den Kindergarten kommt. Die Informationen erscheinen gleichzeitig auf dem Tablet der Gruppenerzieherin, die auf diese Weise im Morgenkreis überprüfen kann, ob alle ihre Kinder anwesend und eingetragen sind. Im Falle eines Evakuierungsalarms schaltet sich das System in den Offline-Modus. Die Kinderlisten sind dadurch auch außerhalb des internen Netzes des Kindergartens abrufbar und dienen der Kontrolle darüber, ob alle Gruppen vollständig am Sammelplatz angekommen sind.

Diese Systeme verfügen meist über weitere Funktionen wie die elternverantwortete Datenpflege, Elternmail und weitere Tools der Elterninformation.

Bei der beabsichtigten Einführung eines solchen digitalen Anmeldesystems wird erfahrungsgemäß zwischen Belegschaft und Elternschaft oftmals viel diskutiert. Hier geht es vor allem um die Kinderfotos auf dem CheckIn-Terminal. Die Eltern haben Sorgen um die Sicherheit ihrer Daten, fragen nach dem Standort des Servers, den geltenden Sicherheitsvorkehrungen und den internen Datenschutzregeln des Kindergartens.

Auch hier gilt, sehr sorgfältig und offen zu kommunizieren und die Eltern frühzeitig in alle Entscheidungs- und Einführungsschritte zu involvieren.

Kleine Zugeständnisse sind manchmal notwendig, um aufgrund von Elternwiderstand nicht ganz und gar auf das Projekt verzichten zu müssen. Wenn Eltern unter keinen Umständen das Foto ihres Kindes auf dem Terminal sehen wollen, könnte man ihnen anbieten, stattdessen das Lieblingskuscheltier ihres Kindes dort abzubilder.

Apps im Kindergarten

Mit dem Einzug von Smartphones und Tablets in den Kindergarten gewinnt die Benutzung von Apps im pädagogischen Alltag an Bedeutung. In diesem Zusammenhang treten viele Fragen auf, die wir an dieser Stelle beantworten wollen:

Welche Apps sind geeignet?

Diese Frage beantwortet sich am besten mit einem Blick auf die Kinder. Apps sind dann nützlich, wenn sie das Lernen unterstützen, die Selbsttätigkeit der Kinder aktivieren und die Gemeinschaft mit anderen Kindern fördern.

Wir haben eine einfache Faustregel, die „Ersatz ist Quatsch" lautet. Wir setzen also keine Apps ein, die soziale Beziehungen ersetzen oder ein Lernfeld vermitteln wollen, welches sich viel besser real erleben und erfahren lässt. Es werden beispielweise keine Apps verwendet, die vorlesen. Das sollte weiterhin die Erzieherin tun. Stattdessen sind Apps auszuwählen, welche die Kommunikation unterstützen, wie zum Beispiel Übersetzungs-Apps und Apps, die den Kindern die Möglichkeit geben, selbst etwas zu entwickeln oder herzustellen.

Wie kann ich als Träger oder Leitung den Überblick über die benutzten Apps behalten und wie verhindern wir, das ungeeignete Apps im Kindergarten angewendet werden?

Es gibt inzwischen eine Vielzahl von zentralen Verwaltungssystemen für mobile Geräte und Apps. Einige Anbieter haben sich sogar auf den Bildungsbereich fokussiert, sodass deren Benutzeroberflächen auch von technisch weniger versierten Kollegen bedient werden können. Über solche Systeme hat man jederzeit den Überblick über die eingesetzten Geräte und die verwendeten Apps und kann so den Einsatz der digitalen Medien sehr gut steuern.

Digitale Entwicklungsdokumentation

Die Bildungs- und Entwicklungsdokumentation ist in allen Bundesländern im Bildungsplan festgeschrieben. Kindergärten, die diese Aufgabe ernst nehmen, müssen sehr viel Zeit investieren und großen Aufwand betreiben, um für jedes Kind eine vollständige Dokumentation anzufertigen.

Mithilfe von digitalen Werkzeugen geht hier einiges leichter vonstatten. Tablets und Smartphones vereinen eine ganz Reihe von Geräten in sich: Fotokamera, Diktiergerät, Filmkamera und Schreibmaschine. In ihnen stecken Bearbeitungsprogramme für Fotos und Grafiken. Wer mit digitalen Geräten dokumentiert, spart Kleber, Ausdrucke, Ausschneidearbeiten und vor allem wertvolle Arbeitszeit.

Wie kann man Eltern erklären, dass Apps im Kindergarten benutzt werden?

Den Einsatz von Apps im Kindergarten erklärt man am besten mithilfe der oben genannten Faustregeln. Erzieherinnen sollten zudem erläutern, dass es in Ordnung ist, wenn die Kinder zu Hause zeitweise am Tablet spielen oder sich etwas von einer App vorlesen oder erzählen lassen. Im Kindergarten gilt aber weiterhin: Die Erzieherinnen sind für das Vorlesen und Geschichtenerzählen da. Gespielt und gelernt wird mit anderen Kindern in der realen Welt.

Eltern müssen darüber informiert werden, wie im Kindergarten Apps ausgewählt und eingesetzt werden. Sie sollten außerdem wissen, mit welchem technischen System die Leitung oder der Träger Apps freischaltet und die Nutzung nicht freigegebener Apps unterbindet.

Für die Dokumentation der pädagogischen Arbeit und deren Aufbereitung kommen sicherlich ebenfalls Apps zum Einsatz. Diese werden dann genutzt, wenn die App keine Datenschutzprobleme erzeugt und wenn durch die Nutzung wirklich Zeit gespart wird.

Darf ich eigentlich jede App verwenden?

Apps unterliegen den gleichen Gesetzten zum Schutz des Urheberrechts wie jedes andere Werk geistiger Arbeit. Die Bilder, Töne und Texte innerhalb der App sind durch den Urheber geschützt. Die Idee der App ist es jedoch nicht. Sie dürfen also die App selbst und hiermit erzeugte Bilder verwenden. Sie dürfen aber nicht ohne Zustimmung des Urhebers Abbildungen der App selbst veröffentlichen.

Eine gute Übersicht zu den Hintergründen finden Sie hier:
https://www.recht-freundlich.de/category/app-und-recht
(Stand 25.01.2017)

Digitale Portfolios nehmen den Erzieherinner darüber hinaus die Sortierarbeit ab. Fotos werden vom System automatisch dem richtigen Kind und dem jeweiligen Bildungsbereich zugeordnet, welcher zu der Aktivität gehört, die auf dem Foto zu sehen ist. Diese Systeme treffen bei Eltern weniger stark auf Widerstand. Dies gilt vor allem dann, wenn Eltern selbst direkt auf das Portfolio ihres Kindes zugreifen können und so zu jeder Zeit mit dem eigenen Smartphone oder Tablet sehen können, an welchem Entwicklungsschritt die Pädagogen gegenwärtig mit dem Kind arbeiten.

Deshalb sollten digitale Portfolios in der Einführungsphase mit dem Fokus auf den Nutzen für Eltern und Einrichtung kommuniziert werden.

KAPITEL 14

#hausschuheweg – Die Kita im Internet

In diesem Kapitel geht es um die digitale Öffentlichkeit, die auch Kitas einschließt. Es ist auch für Erzieherinnen und Leitungskräfte wichtig zu wissen, was es bei der Nutzung digitaler Kommunikationswege zu beachten gilt. Es ist eine Sache, Kommunikationsregeln zu kennen und diese auch zu leben. Eine andere Sache ist es, auf die Veränderungen der Kommunikation im Internet angemessen zu reagieren, diese für sich zu nutzen und sich vor ungewollten Auswirkungen zu schützen.

Zwischen Papier und Internet mit Eltern kommunizieren

Eine gute und abgestimmte Elterninformation ist für jeden Kindergarten ein wichtiges Thema. Dabei geht es nicht darum, dass Eltern alles über den Kindergarten wissen müssen. Sie sollten aber alles über ihr Kind wissen und erfahren können. Bisher wurde dies über Aushänge, Portfolios, Elterngespräche und Elternabende geregelt. Der regelmäßige Elternbrief ist in vielen Einrichtungen ein fester Bestandteil der Kommunikation und wird fast überall per E-Mail versendet. Fast jeder Kindergarten hat heutzutage eine Internetseite. Städtische Informationsportale erfassen alle Kindergärten ihres Stadtgebietes, ob diese das wollen oder nicht.

Der Kindergarten befindet sich in einer Zeit des Übergangs. Die Welt verändert sich und der Kindergarten muss sich entsprechend anpassen. So wie es eine grundlegende Aufgabe des Kindergartens ist, die Lebensrealität der Kinder zu berücksichtigen, ist es genauso wichtig, die Lebensrealität der Eltern zu beachten. Bezüglich der Elternkommunikation ist dies nicht immer einfach. Einige Eltern haben nicht einmal eine E-Mail-Adresse, während andere gern mit ihrer Kita auf Facebook oder über Twitter kommunizieren würden. Es gibt Eltern, die sich wundern, dass ihre Kita keinen eigenen Blog betreibt. Wieder andere wünschen sich eine App, um das eigene Kind den Tag über beim Spielen zu beobachten.

Demgegenüber stehen Träger und Kindergärten, die heftig über das Thema Datenschutz diskutieren. In manchen Einrichtungen wird jede Form von digitaler Technik abgelehnt oder manchmal sogar explizit verboten.

Die gläserne Erzieherin

Das Paradoxe daran ist, dass Erzieherinnen sich häufig unbedarft im Internet bewegen, ohne sich Gedanken über ihre Darstellung und mögliche Auswirkungen auf ihr Berufsleben zu machen. Neugierige Eltern haben es oftmals leicht, die neue Erzieherin ihres Kindes im Internet auszukundschaften. Häufig sind die Facebook-Accounts in den Privatsphäre-Einstellungen als „öffentlich" eingestellt. Auf diese Weise können auch nicht befreundete User alle Inhalte des Profils einsehen. Alberne Fotos, Berichte über Partys, den verflossenen Freund und andere Dinge, die niemand über die Erzieherin des eigenen Kindes wissen möchte, sind so frei zugänglich.

Eine Elternbeschwerde aus dem Land Berlin über eine Erzieherin, die sich nebenberuflich im Internet als Pornodarstellerin betätigte und von den Eltern erkannt wurde, ist leider keine Fantasiegeschichte, sondern traurige Wahrheit.

Bevor Kitas also in der Lage sind, professionell mit Eltern in der digitalen Welt zu kommunizieren, muss noch einiges getan werden.

Ein Vorschlag von uns ist es, Regelungen zum Verhalten im Internet aufzustellen. Diese sollten von den Personalabteilungen der Träger ausgearbeitet und über die Leitungskräfte durchgesetzt werden.

Ein Beispiel

Darauf achten wir, wenn wir uns privat im Internet bewegen:

- Mitarbeiterinnen in Kindereinrichtungen sorgen dafür, dass ihre persönlichen Accounts auf Facebook und anderen Plattformen in den Privatsphäre-Einstellungen so eingerichtet sind, dass die Inhalte nur von „befreundeten" bzw. bekannten Usern und nicht von Dritten einsehbar sind.
- Auch für das Internet gilt, dass nebenberufliche Tätigkeiten der Genehmigungspflicht durch den Arbeitgeber unterliegen. Wie im realen Leben können nur solche Tätigkeiten genehmigt werden, die mit der Berufsethik der Erzieherin vereinbar sind.

Kommunikationswege

Ob sie mündlich, auf dem Papier oder digital erfolgt: Die Kommunikation in der Kindereinrichtung muss nachvollziehbar sein und auf offiziellen Wegen geführt werden. Hier gelten keine Ausnahmen. Dem werden sicher viele zustimmen.

Trotzdem hat sich eine Unsitte eingeschlichen, die mit der unbedarften Nutzung der neuer technischen Möglichkeiten zusammenhängt:

Viele Menschen benutzen heutzutage auf ihren Smartphones den Kurznachrichtendienst WhatsApp. Sie bilden mit Freunden und Kollegen WhatsApp-Gruppen, um sich untereinander auszutauschen. Dagegen ist nichts einzuwenden, solange dies in privaten Zusammenhängen geschieht.

Eine Kita ist eine dienstliche Institution und unterliegt Regeln und Gesetzen, deren Einhaltung existenziell ist.

Trotzdem bilden sich in Kindergärten WhatsApp-Gruppen, in denen Erzieherinnen untereinander — meistens an der Leitung vorbei — ihren Arbeitsalltag diskutieren. Wer dabei sein darf und wer nicht, ist häufig unklar und hängt vom Status ab, den eine Erzieherin in der informellen Teamstruktur besitzt. Mobbing ist so vorprogrammiert.

Die Leitung hat keine Kontrolle über diese Informationswege. „Das ist im Grunde in Ordnung", könnte manche Leitung denken. Denn auch ohne digitale Technik erfährt eine Leitung nicht alles, was in ihrem Team getratscht und besprochen wird. Tatsächlich aber sind diese vermeintlich privaten WhatsApp-Gruppen zu wichtigen Informationskanälen geworden. Hier werden Änderungen der Dienstpläne bekannt gegeben und die Vertretungen geregelt. Erzieherinnen stimmen sich hier über ihre Tagesaktivitäten ab und verabreden, wer welches Material mitbringt etc. Dadurch werden

wichtige offizielle, dienstliche Kommunikations-
pflichten mit informellen Kommunikationsstruk-
turen vermischt. Die Gefahr besteht darin, dass
die Kommunikationswege in der Kindereinrichtung außer Kontrolle geraten.

Noch schlimmer wird es, wenn Eltern in die
WhatsApp-Gruppen einbezogen werden.

Unser Rat in dieser Sache: Wer mit wem kommunizieren darf, was weitergegeben wird und was
im Hause bleibt, wird durch verbindliche Regeln
bestimmt, an die sich alle halten müssen. Damit
die Leitungskräfte diese Regeln durchsetzen können, müssen klare Verabredungen zum Umgang
mit digitalen Kommunikationsformen getroffen
werden.

Ein Beispiel
Wir kommunizieren in unserer Einrichtung offen
und transparent. Dafür haben wir uns auf folgende Punkte geeinigt:

- Mitarbeiterinnen in Kindereinrichtungen
  bilden für dienstliche Zwecke keine Whats-
  App-Gruppen oder ähnliche digitale Kommu-
  nikationsplattformen – weder mit Eltern noch
  mit Kolleginnen –, ohne dass diese offiziell
  durch die Leitung genehmigt wurden.
- Bei der privaten Nutzung von Online-Platt-
  formen und Netzwerken wird sehr genau
  darauf geachtet, keine beruflichen Themen
  und dienstlichen Inhalte auszutauschen oder
  zu diskutieren. Dafür sind ausschließlich die
  nachvollziehbaren und genehmigten Kanäle
  vorgesehen.
- Zu dienstlichen Zwecken werden Kommuni-
  kationsplattformen wie WhatsApp-Gruppen
  oder ähnliches nur durch die Kindergartenleitung eingerichtet. Diese Gruppen sind auf
  einen bestimmten Zweck beschränkt wie beispielsweise zur Aushandlung von Vertretungs-
  schichten oder zur Organisation eines Festes,
  gegebenenfalls sind sie zeitlich begrenzt und
  werden nach Ablauf durch die Leitung ge-
  löscht.
- Die Einrichtung einer solchen Gruppe und
  deren Löschung wird an alle Beteiligten kommuniziert. Die Administration der Gruppe
  wird von der Leitung übernommen oder sie
  bestimmt eine dafür verantwortliche Person.

Diese Regelungen führen zuerst einmal dazu, dass
durch den Träger oder in der Kindereinrichtung
deutlich darauf aufmerksam gemacht wird, dass
die Kommunikation im Team und mit den Eltern
auf offiziellen Wegen stattfinden muss. Ist die offizielle Kommunikation eingeübt, werden inoffi-
zielle Kommunikationswege weniger wichtig. Es
bleibt jedoch eine Führungsaufgabe der Kitaleitung, für die offene und professionelle Kommunikation in der Einrichtung zu sorgen.

Internetseiten

Dass Kindergärten sich über Internetseiten präsentieren und darüber ihre Kunden gewinnen, ist
längst Alltag. Auf vielen dieser Internetseiten gibt
es geschlossene Bereiche, in denen die Kita mit
den Eltern kommuniziert. Diese Bereiche sind nur
für Eltern und Mitarbeiter sichtbar, solange diese
sich über einen Benutzer-Account einloggen. Hier
finden sich Elternbriefe, Tagesinformationen und
Diskussionsforen für die Eltern, die durch die Kitaleitung moderiert werden.

Eine eigene Internetpräsenz bietet im Zeit-
alter zunehmender Vernetzung meistens mehr
Vor- als Nachteile, denn Kunden suchen sich die
Anbieter gewünschter Dienstleistungen mittlerweile hauptsächlich im Internet. Auch für Kitas
gilt gewiss, dass sich Eltern zunächst online einen
Überblick aller Einrichtungen in ihrer Umgebung
machen. Trotzdem sind einige grundlegende Dinge zu beachten, wenn sich eine Kita im Netz präsentieren will.

Es sollte genau überlegt werden, wie und wo-
mit sich die Kita im Internet darstellen will. Die
Website sollte in erster Linie dazu dienen, die Einrichtung vorzustellen. Kontaktdaten und Anschrift
sollten prominent platziert sein, sodass sie ohne
lange Suchen und unzählige Klicks zu finden sind.

Wenn die Kita ein besonderes pädagogisches Konzept vorzuweisen hat, kann durchaus darüber berichtet werden – dies sollte aber kurz und knackig gehalten werden. Längere theoretische Ausführungen sollten für die Broschüre übrig bleiben, die der interessierten Eltern beim ersten Kennenlernen in die Hände gegeben wird.

Wenn Kitaleitungen es sich zutrauen und ausreichend Themen haben, dann können sie Rubriken einfügen wie „Neuigkeiten und Termine". Doch ein gut aussehender und informativer One-Pager (das ist ein Webauftritt, der eigentlich nur aus einer Seite besteht) wirkt oftmals eleganter als eine komplizierte Seitenstruktur mit etlichen Unterseiten, für die Sie als Betreiber weder Zeit noch Muse haben.

Wenn nun ein Internetnutzer bei Google nach Kindergärten sucht, werden ihm alle eingetragenen Kindergärten in seiner Nähe auf dem Stadtplan angezeigt. Es wäre schade, wenn Ihre Einrichtung nicht darunter ist.

Es kann sogar sein, dass Ihre Einrichtung bereits einen Eintrag bei Google hat. Denn Google übernimmt die Unternehmensdaten aus regionalen Branchenbüchern wie den Gelben Seiten. Es empfiehlt sich, diesen Eintrag für sich zu beanspruchen. Dann bietet sich die Gelegenheit, diesen zu ergänzen mit Kontaktdaten, Öffnungszeiten etc.

Hinweise zum Umgang mit dem eigenen Internetauftritt

- Halten Sie Ihre Website stets aktuell und auf dem Laufenden.
- Verwenden Sie keine urheberrechtlich geschützten Bilder, Texte, Videos etc.
- Wenn Sie kostenfreie Bilder und Inhalte aus dem Netz nehmen wollen, achten sie auf lizenzfreie Angebote wie „Public Domain" oder „creative commons".

- Es sollten keine Bilder auf der Website zu sehen sein, auf denen Kinder Ihrer Einrichtungen zu erkennen sind, sofern Sie nicht die schriftliche Einverständniserklärung der Eltern haben.
- Sie sind rechtlich verpflichtet, ein vollständiges Impressum auf Ihrer Website (siehe Kasten S. 74) einzurichten, eine solche Impressumspflicht gilt übrigens auch für Ihren Auftritt bei Facebook!
- Es empfiehlt sich immer, vorsichtshalber mit dem Impressum eine „allgemeine Datenschutzerklärung" abzugeben (Vorlagen dazu finden sich im Netz unter dem Stichwort „Datenschutzerklärung").

Zur Gestaltung und Erstellung einer Website lohnt es sich, einen Webdesigner aus der Umgebung zu engagieren. Es gibt heutzutage viele Webdesigner, die sich auf Kunden im kleingewerblichen Bereich spezialisiert haben und entsprechend preiswerte Angebote unterbreiten können. Der Vorteil besteht darin, dass ein guter Webdesigner eingangs in allen relevanten Fragen berät (inklusive Impressum, Datenschutz, Urheberrecht etc.) und auch später bei technischen Problemen zur Verfügung steht.

Wenn einen irgendwann das Gefühl beschleicht, dass die Website irgendwie „altbacken" aussieht, dann sollte sie erneuert werden. Denn wenn Sie schon keine Lust mehr an ihr haben, was sollen dann die Eltern denken?

Impressum

Ein Impressum gibt Auskunft über den Betreiber einer Website und ist für gewerbliche Websites gesetzlich verpflichtend. Der Internetnutzer soll dadurch erfahren, mit wem er es zu tun hat. Wer dieser Pflicht nicht nachkommt, kann anwaltlich abgemahnt werden, was teuer werden kann. Auch für gewerbliche Social-Media-Auftritte, beispielsweise auf Facebook, gilt die Impressumspflicht. Unter dem Stichwort „Impressumsgenerator" finden sich im Netz zahlreiche kostenlose Angebote, die Ihnen bei der Erstellung eines Impressums behilflich sind.
Enthalten sollte es mindestens:

- vollständiger Name der Einrichtung (inklusive Rechtsform)
- Vor- und Nachname der verantwortlichen Person bzw. des Betreibers der Website
- vollständige Anschrift, Straße, Hausnummer
- Kontaktdaten: E-Mail-Adresse, Telefonnummer
- Handels- oder Registernummer (falls vorhanden)
- zuständige Aufsichtsbehörde (falls vorhanden)
- Umsatzsteuer- und Wirtschaftsidentifikationsnummer (falls vorhanden)

Wichtig ist, dass das Impressum als solches überschrieben wird und leicht zu finden ist. Es sollten maximal zwei Klicks von der Startseite zum Impressum genügen.

„Google My Business"

Wem ein ganzer Webauftritt zu viel oder zu teuer ist, dem bieten sich dennoch Möglichkeiten, mit der Kita im Internet präsent zu sein. Beispielsweise mit dem kostenlosen Google-Dienst „My Business". [6] Hiermit können sich Unternehmen kostenlos in der Google-Suche, in Google Maps und auf Google+ mit Kurzprofilen präsentieren. Wer in der Vergangenheit ein Restaurant in der Nähe gegoogelt hat, weiß bereits, was gemeint ist. Alles, was Sie dafür benötigen, ist ein Google-Konto, mit welchem Sie auf alle Google-Produkte zugreifen können.

Der Elternbereich auf der Internetseite

Auf vielen Internetseiten von Kitas gibt es geschlossene Bereiche, in denen die Kita mit den Eltern kommuniziert. Diese Bereiche sind nur für Eltern und Mitarbeiter sichtbar, solange diese sich über ein Passwort einloggen. Hier finden sich Elternbriefe, Tagesinformationen und Diskussionsforen für die Eltern, die durch die Kitaleitung moderiert werden.

Ein solcher Bereich unterliegt besonderen datenschutzrechtlichen Bestimmungen, vor allem wenn dort personenbezogene Daten und Dokumente zu finden sind.

Das kann bereits für eine eingescannte Buntstiftzeichnung gelten, wenn in der Beschreibung Informationen zu finden sind wie: Tim, vier Jahre aus Berlin, malt sein Haus am Kleistpark. Noch mehr gilt dies für Fotos und Daten aus dem Portfolio eines Kindes. Dabei muss dieser Bereich nicht

---

6   www.google.de/business

nur nach außen abgegrenzt sein, auch Eltern und Angehörigen sollten nur diejenigen Daten ihres eigenen Kindes zugänglich sein.

Daher ist es wichtig, auch für den geschützten Bereich klare Regeln aufzustellen.

Ein Beispiel

- Die Zugangsdaten für den geschützten Bereich unserer Website (Login und Passwort) erhalten nur jene Personen, die dazu zugangsberechtigt sind. Das sind Mitarbeiterinnen, Eltern und Erziehungsberechtigte der Kinder.
- Die Zugangsdaten werden unter keinen Umständen an unbeteiligte Dritte weitergegeben.
- Die Passwörter werden in regelmäßigen Abständen geändert.
- In den geschützten Bereich unserer Website werden nur jene Inhalte und Dokumente von Kindern eingestellt, die mit den Eltern zuvor vereinbart worden sind.
- Der geschützte Bereich unserer Website wird nicht für private Zwecke benutzt.

Der Kitablog und Facebook-Account

Viele Kindergärten bloggen mittlerweile. Es ist einfach, einer Anbieter (Wordpress, blogsport, blogger) auszuwählen und einen Blog zu eröffnen. Auch hier sind Regeln dafür festzulegen, was kommuniziert wird und was nicht. Wie wird der Datenschutz eingehalten? Wer darf sich am Blog beteiligen? Wir empfehlen, den Blog nicht für Kommentare von außen zu öffnen. Um einen interaktiven Austausch herzustellen, ist es besser, andere Einrichtungen, die ebenfalls bloggen, mit dem eigenen Blog zu verlinken.

Der Blog kann auf der Internetseite angekündigt werden und so für alle interessierten Menschen zeigen, welche Bildungsereignisse in der Kita stattfinden.

Ähnlich verhält es sich mit dem Facebook-Account der Kita. Auch hier sollte vorher festgelegt werden, was man veröffentlichen will und wie man Datenschutzregeln befolgt.

Hinweise zum Umgang mit Blogs und Facebook-Accounts

Ein Blog und ein Facebook-Profil bieten gute Möglichkeiten, über kommende und aktuelle Ereignisse aus der Einrichtung zu berichten. Das nächste Sommerfest kann man beispielsweise auf diesem Wege ankündigen oder für einen Tag der offenen Tür publikumswirksam werben. Spannende Projekte und Ausflüge können in Berichten zeigen, was alles in der Einrichtung passiert.

Doch insbesondere aus datenschutzrechtlichen Gründen sind einige Dinge zu beachten, für die gewisse Regeln nötig sind:

- Es dürfen nur dann Fotos von Kindern veröffentlicht werden, wenn eine schriftliche Einverständniserklärung der Eltern vorliegt.
- Über Ereignisse sollte möglichst so berichtet werden, dass einzelne Personen und Kinder nicht hervorgehoben werden. Es ist viel schöner, wenn sich beim Lesen alle gleichermaßen angesprochen fühlen.
- Die Themen und Inhalte werden zuvor gemeinsam mit der Leitung abgesprochen.
- Jeder darf Themenvorschläge machen aber veröffentlichen dürfen nur zuvor bestimmte und eingewiesene Personen. Diese haben „das letzte Wort", aber auch die Verantwortung dafür, dass alles korrekt ist.

Was passiert, wenn die Kita gut oder schlecht bewertet wird?

Ein schwieriges Feld sind Bewertungsportale, Foren und sogenannte „MamiBlogs". Häufig wird dort über die eine oder andere Kita diskutiert. Dies meistens anonym und oftmals weder nett noch konstruktiv.

Wer mit einem „Shitstorm" oder einer Ansammlung hässlicher Kommentare im Internet konfrontiert ist, fühlt sich häufig überfordert. Das muss allerdings nicht sein, wenn einige wichtige Ratschläge beachtet werden.

Regeln zum Umgang mit Kritik im Internet

- Bleiben Sie ruhig und sachlich. Dies gilt immer, selbst wenn die Kritik noch so ungerecht und unverschämt sein mag.
- Reagieren Sie nicht zickig oder neunmalklug. So können Sie nur verlieren. Seien Sie freundlich und hilfsbereit, selbst wenn dies manchmal schwerfällt.
- Verwenden Sie keine Ausrufezeichen oder Emojis.
- Schreiben Sie ihre Antwort am besten nicht direkt am Computer. Nehmen Sie Papier und Stift. Das gibt Ihnen emotionalen Abstand. Formulieren Sie auf diesem Wege Ihre Antwort vor.
- Nehmen Sie sich ausreichend Zeit zum Nachdenken. Suchen Sie sich ein oder zwei konkrete Punkte aus der Kritik und antworten Sie genau darauf.
- Es schadet nicht, die Antwort folgendermaßen zu beginnen: „Es tut uns leid, dass Sie Anlass zur Kritik haben..."

- Aber lassen Sie sich nicht alles gefallen – vor allem bei Unwahrheiten oder Fällen, in denen Dinge aus dem Zusammenhang gerissen werden. Oftmals schreiben Leute eine heftige Kritik, obwohl sie gar nicht alle Informationen haben. Machen Sie darauf aufmerksam.
- Schreiben Sie, dass viele der Kinder und Eltern zufrieden mit Ihrer Arbeit sind. Das erleben Sie selbst immer wieder unmittelbar im Umgang mit Eltern oder bei Elterngesprächen. Seien Sie stets bemüht, eine angemessene Lösung zu finden.
- Gegen unsachliche Schmähkritiken, die eher die Form einer Beleidigung annehmen („So ein Scheißladen") können Sie nicht viel tun. Aber Sie können darauf aufmerksam machen, dass man mit solchen Kraftausdrücken nicht weit kommt. Schlagen Sie vor, dass es doch vernünftiger wäre, die Ursache des Unmuts in einer persönlichen Nachricht (über E-Mail) zu klären.
- Es ist immer gut, die Antwort in irgendeiner Weise positiv zu beenden. Weisen sie darauf hin, dass Sie sich gerne bemühen, das Problem zu klären. Geben Sie ihre Telefon-Hotline oder E-Mail-Adresse an. Oftmals wollen die Leute nur, dass ihnen jemand zuhört.
- Lassen Sie sich nicht auf lange Diskussionen ein. Ein oder zwei Antworten sollten auf eine Kritik genügen. Wer sich dann noch weiter mit Ihnen streiten will, hat auch nichts Weiteres im Sinn.
- Doch bleiben Sie auch dann immer ruhig und sachlich.

Zum Schluss

Die Digitalisierung unserer Welt und damit auch des Kindergartens ist nicht aufzuhalten. Es ist die Pflicht des Kindergartens, die Lebensrealität der Kinder im pädagogischen Alltag aufzugreifen und angemessen darauf einzugehen. Gleichzeitig muss sich jede Erzieherin und jedes Elternteil fragen, was die heute Dreijährigen morgen gelernt haben müssen, um in der Zukunft als verantwortliche Bürger eine Gesellschaft mitzugestalten, deren Lebenswelt wir uns heute noch gar nicht vorstellen können.

Diese Frage kann und sollte regelmäßig zwischen Eltern und Pädagogen diskutiert werden. Die Fokussierung auf diese Thematik lenkt die Diskussionen mit den Eltern auf die Zukunft des eigenen Kindes. Die Bildung der nachwachsenden Generation zukunftsorientiert zu gestalten, ist eine Aufgabe, die weder Erzieher noch Eltern allein bewältigen können. Viele gesellschaftliche Bereiche sind dabei gefragt – allen voran die Politik, die ihre Haltung zu diesem Thema nicht länger zurückhalten und klar Stellung dazu beziehen sollte.

Anhang:
Checklisten und Formulare zum Kopieren und Aushängen

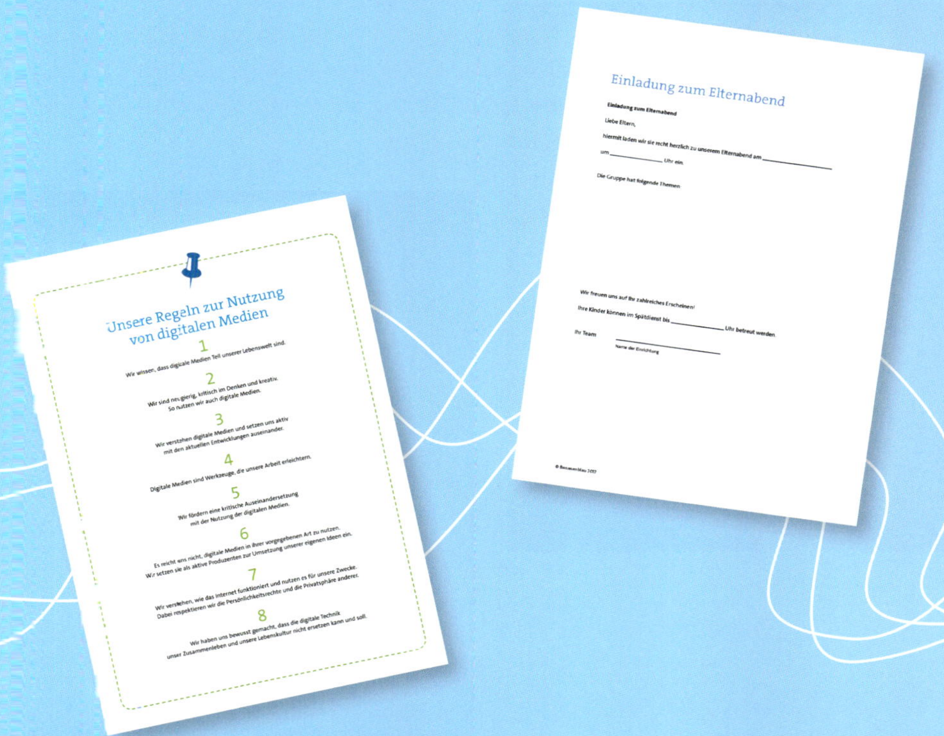

Unsere Regeln zur Nutzung von digitalen Medien

1

Wir wissen, dass digitale Medien Teil unserer Lebenswelt sind.

2

Wir sind neugierig, kritisch im Denken und kreativ. So nutzen wir auch digitale Medien.

3

Wir verstehen digitale Medien und setzen uns aktiv mit den aktuellen Entwicklungen auseinander.

4

Digitale Medien und Werkzeuge, die unsere Arbeit erleichtern.

5

Wir fördern eine kritische Auseinandersetzung mit der Nutzung der digitalen Medien.

6

Es reicht uns nicht, digitale Medien in ihrer vorgegebenen Art zu nutzen. Wir setzen sie als aktive Produzenten zur Umsetzung unserer eigenen Ideen ein.

7

Wir verstehen, wie das Internet funktioniert und nutzen es für unsere Zwecke. Dabei respektieren wir die Persönlichkeitsrechte und die Privatsphäre anderer.

8

Wir haben uns bewusst gemacht, dass die digitale Technik unser Zusammenleben und unsere Lebenskultur nicht ersetzen kann und soll.

Einladung zum Elternabend

Einladung zum Elternabend

Liebe Eltern,

hiermit laden wir Sie recht herzlich zu unserem Elternabend am _____

um _____ Uhr ein.

Die Gruppe hat folgende Themen

Wir freuen uns auf Ihr zahlreiches Erscheinen!

Ihre Kinder können im Spätdienst bis _____ Uhr betreut werden.

Ihr Team

Name der Einrichtung

Alle Formulare können Sie hier herunterladen:
www.bananenblau.de/
eltern-in-krippe-und-kita
gut-informieren

Wichtige Regeln für die Kommunikation unter Erwachsenen im Kindergarten

1 Mit der Anrede „Sie" bleibt eine professionelle Distanz erhalten. Das zeigt sich vor allem dann, wenn es zu Streitgesprächen kommt oder Kritik angebracht werden soll. Gegenüber einem Kollegen oder einem Elternteil, den Sie siezen, wählen Sie Ihre Worte mit mehr Bedacht.

2 Bleiben Sie auf der Erwachsenenebene! Auf Abwertung, Geringschätzung oder Bevormundung wird Ihr Gesprächspartner besonders empfindlich reagieren.

3 Überlegen Sie sich vor jeder E-Mail, vor jedem Telefonanruf und jedem Gespräch, was Sie an der Stelle Ihres Gesprächspartners erwarten würden.
Machen Sie sich also immer klar, was Sie vermitteln und bewirken möchten.

4 Drücken Sie klar und verständlich aus, welche Ziele Sie verfolgen und welche Erwartungen Sie an Ihren Gesprächspartner haben. Argumentieren Sie deshalb kurz und präzise, bleiben Sie beim Thema, schweifen Sie nicht ab.

5 Denken Sie daran, dass auch Ihre Körpersprache und Stimme die Wirkung des Gesagten verstärkt. Mit einem Lächeln können Sie auch schwierigere Botschaften abdämpfen oder mildern.

6 Fragen Sie nach, was Ihr Gesprächspartner gemeint hat, wenn Ihnen etwas unklar ist. Wiederholen Sie, was Sie verstanden haben, mit eigenen Worten. Fragen Sie gezielt nach: Was, wie, wann, wo …?

7 Respektieren Sie andere Standpunkte und Perspektiven. Ihr Gesprächspartner hat ein Recht auf seine Meinung.

8 Vermeiden Sie Verallgemeinerungen (z. B. „immer", „nie"), sondern sprechen Sie konkrete Situationen, Anlässe oder Verhaltensweisen an.

9 Lassen Sie Ihren Gesprächspartner ausreden. Niemand sollte dem anderen ins Wort fallen. Warten Sie nicht nur auf ein Stichwort, damit Sie selber reden können.

Unsere Regeln zur Nutzung von digitalen Medien

1

Wir wissen, dass digitale Medien Teil unserer Lebenswelt sind.

2

Wir sind neugierig, kritisch im Denken und kreativ.
So nutzen wir auch digitale Medien.

3

Wir verstehen digitale Medien und setzen uns aktiv
mit den aktuellen Entwicklungen auseinander.

4

Digitale Medien sind Werkzeuge, die unsere Arbeit erleichtern.

5

Wir fördern eine kritische Auseinandersetzung
mit der Nutzung der digitalen Medien.

6

Es reicht uns nicht, digitale Medien in ihrer vorgegebenen Art zu nutzen.
Wir setzen sie als aktive Produzenten zur Umsetzung unserer eigenen Ideen ein.

7

Wir verstehen, wie das Internet funktioniert und nutzen es für unsere Zwecke.
Dabei respektieren wir die Persönlichkeitsrechte und die Privatsphäre anderer.

8

Wir haben uns bewusst gemacht, dass die digitale Technik
unser Zusammenleben und unsere Lebenskultur nicht ersetzen kann und soll.

Unsere Regeln für den Kita-Blog und Facebook

1

Wir veröffentlichen nur dann Fotos von Kindern,
wenn eine schriftliche Einverständniserklärung der Eltern vorliegt.

2

Wir verwenden nur Fotos und Videos,
die mit der eigenen Kamera aufgenommen worden sind,
um die Einhaltung des Urheberrechts zu gewährleisten.

3

Wir berichten über Kita-Ereignisse so,
dass einzelne Personen und Kinder nicht hervorgehoben werden.

4

Wir sprechen die pädagogischen Themen und Inhalte,
die wir auf unseren Kita-Blog oder auf der Facebookseite unserer Kita posten möchten,
mit unserer Leitung ab.

5

Wir tragen keine dienstlichen Themen und Auseinandersetzungen im Internet aus,
sondern achten auf ein konstruktives und faires Miteinander.

6

Wir achten die Privatsphäre und veröffentlichen deshalb
keine vertraulichen Informationen oder Kontaktdaten im Netz.

Unsere Regeln für die Kita-Internetseite

1

Wir halten unseren Internetauftritt stets aktuell.

2

Wir verwenden keine urheberrechtlich geschützten Bilder, Videos und Texte.

3

Wir veröffentlichen nur dann Fotos von Kindern,
wenn eine schriftliche Einverständniserklärung der Eltern vorliegt.

4

Bei kostenfreien Bildern und Inhalten achten wir
auf lizenzfreie Angebote wie „Public Domain" oder „creative commons".

5

Wir haben ein vollständiges Impressum eingerichtet
und dabei alle gesetzlich vorgeschriebenen Vorgaben eingehalten.

6

Elterninformationen und Tagesrückblicke stellen wir
ausschließlich in den passwortgeschützten Bereich unserer Website.

7

In unserem geschlossenen Elternbereich sind nur jene Inhalte und Dokumente
von Kindern eingestellt, die zuvor mit den Eltern vereinbart worden sind.

8

Wir achten darauf, dass Eltern und Angehörige auch im geschlossenen,
passwortgeschützten Elternbereich unserer Website nur die Daten
ihres eigenen Kindes einsehen können.

Unsere Regeln für die Nutzung des Elternbereichs

Grundsätzliches

- Der Elternraum ist offen für alle Eltern von Kindern, die in diesem Kindergarten angemeldet sind.
- Gäste melden sich bei der Leitung an.
- Das W-LAN kann kostenlos genutzt werden.
- Jeder Benutzer des Elternbereichs ist für eine gute Atmosphäre, Sauberkeit und Ordnung selbst verantwortlich. Deshalb ist es wichtig, dass jeder seinen Platz so hinterlässt wie er ihn vorfinden möchte.

Information

- Der Informationsbildschirm wird von der Leitung täglich mit wichtigen Informationen für Eltern versehen.

Getränke

- Kaffee und Getränke werden angeboten. Die Bezahlung erfolgt über eine Kasse des Vertrauens. Der darin enthaltene Betrag dient dem Einkauf neuer Getränke.
- Die Tassen und Gläser bleiben im Elternraum.
- Heißgetränke dürfen nicht außerhalb des Elternbereichs getrunken werden. Dies dient dem Schutz der Kinder vor Verbrühungen.

Spielbereich

- Der Spielbereich dient zur Überbrückung von Wartezeiten mit Kindern, welche nicht der Kita zugehörig sind oder welche bereits von den Eltern abgeholt wurden.
- Kinder im Spielbereich sind von ihren Eltern zu beaufsichtigen.
- Der Spielbereich ist sauber und ordentlich zu verlassen.

Gästetoiletten

- Die Toiletten sind keine öffentlichen Toiletten und stehen nur den Eltern und Besuchern zur Verfügung.

Kita-Nutzungsordnung für das W-LAN

Allgemeines

- Mit dem W-LAN dürfen nur Endgeräte verbunden werden, bei denen sichergestellt ist, dass eine negative Beeinträchtigung des Netzwerkbetriebs ausgeschlossen ist. Der Nutzer des Geräts ist verpflichtet, dies sicherzustellen.

Nutzung eigener Hardware

- Die Nutzerin oder der Nutzer ist verpflichtet, ihre oder seine Hardware für die W-LAN-Nutzung auf die aktuellen Sicherheitspatches zu prüfen bzw. die von den Herstellern empfohlenen Sicherheitseinstellungen an seinem System zu aktivieren sowie für weitere Sicherungsmittel (Firewall, Virenschutz usw.) zu sorgen. Hierzu sind u. a. die neuesten Herstellerempfehlungen einzuhalten. Es obliegt der Nutzerin oder dem Nutzer, für die Sicherung (SSL-Verschlüsselung) Sorge zu tragen. Die Nutzerin oder der Nutzer haftet für Schäden aus Verletzungen dieser Sicherungspflichten.

Nutzung des W-LANs

- Die Nutzung des Internets erfolgt auf eigenes Risiko der Nutzerin oder des Nutzers. Für Schäden, die auf eine Nutzung des W-LAN-Dienstes zurückzuführen sind, insbesondere für Schäden an ihrer oder seiner Hard- oder Software sowie für Schäden durch Verlust von Daten ist die Nutzerin oder der Nutzer selbst verantwortlich.

Veröffentlichung und Nutzung von Inhalten im Internet

- Es wird seitens der Einrichtung über das W-LAN lediglich ein Zugang zum Internet zur Verfügung gestellt. Die hierüber abgerufenen Inhalte unterliegen keiner Überprüfung durch die Einrichtung. Insbesondere wird nicht überprüft, ob eine schadensverursachende Software (z. B. Viren) enthalten ist. Alle Inhalte, die die Nutzerin oder der Nutzer über den WLAN-Zugang nutzt, sind fremde Informationen im Sinne § 8 (Telemediengesetz vom 26. Februar 2007). Es wird keine Gewährleistung oder Haftung für die inhaltliche Richtigkeit und Vollständigkeit der von ihr oder ihm selbst bzw. der von Dritten angebotenen Informationen übernommen.

- Veröffentlichungen im Internet dürfen nicht gegen geltendes Recht oder gegen die guten Sitten verstoßen oder Rechte Dritter (insbesondere Urheber-, Namens- oder Kennzeichenrechte, Persönlichkeitsrechte wie der Schutz der Privatsphäre oder Datenschutzrechte) verstoßen.

- Verboten sind insbesondere die Veröffentlichung und die Verbreitung direkt oder indirekt pornografischer, volksverhetzender, rassistischer oder Gewalt verherrlichender Inhalte, der Aufruf zu Straftaten, beleidigende, obszöne, diffamierende und anstößige Inhalte oder die Verletzung politischer oder religiöser Weltanschauungen Dritter. Dieses Verbot gilt außerdem für Beiträge mit jugendgefährdendem Inhalt.

- Unzulässig sind ferner der Download und das Speichern von Inhalten, die gegen vorstehende Regeln verstoßen. Die Einrichtung haftet nicht für Schäden aus Ansprüchen Dritter und sonstige mittelbare und unmittelbare Folgeschäden.

Antrag auf Passwortvergabe

Hiermit beantrage ich ein Passwort zur W-LAN-Nutzung. Ich habe die Nutzungsvereinbarung gelesen und erkenne diese mit meiner Unterschrift an.

Name: _____

Vorname: _____

Datum: _____

Unterschrift: _____

13 Regeln für gelingende Elternabende

1

Individuelle und allgemeine Informationen trennen

2

Die Eltern gut kennen

3

Einen gesunden und richtig platzierten Informationsaustausch pflegen

4

Jeden Elternabend gut vorbereiten

5

Eine angenehme Atmosphäre und eine den Erwachsenen angemessene Raumordnung schaffen

6

Die Elternvertreter in die Vorbereitung einbeziehen

7

Interessen, Fragestellungen, wichtige Themen im Vorfeld abfragen

8

Niemals ohne Tagesordnung in einen Elternabend gehen

9

Eine Leitung des Elternabends festlegen

10

Diskussionen leiten und Diskussionsregeln einhalten

11

Auf den Zeitplan achten

12

Die wichtigsten Beschlüsse protokollieren

13

Das Protokoll allen Eltern zugänglich machen

Daran erkennen wir sinnvolle digitale Technik

■ **Ersatz ist Quatsch**
Alles, was die soziale Beziehung und die reale Lebenserfahrung ersetzen soll, gehört nicht in den Kindergarten.

■ **Vom passiven Konsumenten zum aktiven Produzenten**
Digitale Anwendungen und Geräte, die allein der Unterhaltung oder gar als „digitaler Babysitter" dienen, gehören nicht in den Kindergarten.

■ **Lernen unterstützen**
Digitale Geräte sollten stets so genutzt werden, dass Kinder selbstständig und selbstaktiv damit Erfahrungen machen können. Dazu gehören z.B. Mikroskope, Kameras, Aufnahmegeräte oder Apps wie PuppetPals HD, BookCreator oder iMovie zum Produzieren von Dokumentationen, die durch Kinder oder Erwachsene erstellt werden können.

■ **Es kommt auf das „Wie" an**
Digitale Medien bleiben Werkzeuge, die uns nicht anders als Bleistift und Kugelschreiber helfen, unsere Arbeit zu erledigen. Sie kommen nur dann zum Einsatz, wenn pädagogische Projekte dies erfordern. Wenn dies nicht der Fall ist, bleiben sie im Schrank.

■ **Herausfinden, wie's funktioniert**
Die Technik, die den Kindern zur Verfügung gestellt wird, muss in ihrer Funktionalität für die Kinder transparent sein. Damit ist gemeint, dass für die Kinder nachvollziehbar sein muss, wie etwas funktioniert und wie diese Funktion hervorzurufen ist. Ein fast lebendig wirkender Spielzeughund erfüllt diese Bedingung nicht und sollte deshalb allenfalls am „Spielzeugtag" im Kindergarten zu finden sein.

Zukunftskompetenzen für die nachwachsende Generation: Welche Fähigkeiten werden zukünftig immer wichtiger?

1. Cleverness
- gewohntes Denken und Verhalten hinterfragen und ändern können
- sich auf geänderte Anforderungen und Gegebenheiten einstellen

2. Der Gemeinschaft verbunden sein
- Verantwortung für sich und andere übernehmen
- Bedürfnisse andere Menschen wahrnehmen und angemessen reagieren

3. Lernen, Verlernen und Neu-Lernen
- Verantwortung für den eigenen Lernweg übernehmen
- persönliche Ziele setzen, sich selbst motivieren können
- Fehler und Schwierigkeiten als Lernchancen erkennen

4. Synthesen erstellen
- die Fähigkeit, Dinge zusammendenken zu können
- Ursachen analysieren und praktikable Lösungen entwickeln können

5. Daten „sprechen" lassen können
- Informationen finden, auswählen, einschätzen und hinterfragen
- kritisch und bewusst mit Daten umgehen

6. Proaktives Projektdenken
- Arbeitsschritte bestimmen und zielgerichtet vorgehen
- eigene Fähigkeiten konstruktiv einbringen können
- Regeln vereinbaren und halten
- vorausschauend denken und umsichtig handeln

7. Soziale Intelligenz
- eigene Vorurteile erkennen und abbauen
- Verschiedenartigkeit akzeptieren
- Verständnis für andere Einstellungen zeigen
- unterschiedliche Positionen ansprechen

8. Körper, Geist und Seele
- die eigene Person wertschätzen, stolz auf eigene Leistungen sein
- eigene Gefühle, Bedürfnisse und Verhaltensmuster kennen
- Ängste überwinden und sich selbst vertrauen

9. Groß denken
- Visionen und neue Ziele entwickeln
- an den Erfolg glauben

10. Lesen, Schreiben, Rechnen, Fremdsprachen sprechen
- Texte verstehen und verfassen können
- mathematische Aufgaben lösen
- über mehrere Fremdsprachenkenntnisse verfügen

Checkliste für die Verwendung von Fotos/Videos aus der Kita im Internet

1

Das Recht am eigenen Bild:
Hat die abgebildete Person die Erlaubnis gegeben,
sie zu fotografieren bzw. zu filmen?

2

Ist eine Einverständniserklärung unterschrieben worden?

3

Wurde zusätzlich in einem Gespräch kurz erläutert,
wofür das Foto/Video verwendet werden soll?

4

Urheberrecht beachten: Haben wir das Foto selber gemacht
oder besitzen wir das Nutzungsrecht des Fotografen?

5

Haben wir das Copyright angegeben?

6

Haben wir dem Foto/Video eine kurze Beschreibung hinzugefügt? (Was? Wann? Wo?)

7

Haben wir darauf geachtet, dass unsere Fotos/Videos keine Personen zeigen,
die unvorteilhaft fotografiert bzw. gefilmt worden sind?

8

Haben wir darauf geachtet, dass eine Fotogröße von 1 MB möglichst nicht überschritten wird?

Vertragspassus zur Fotodokumentation

Bild- und Filmaufnahmen der Kinder

Die Erziehungsberechtigten erteilen die Einwilligung zur filmischen oder fotografischen Aufnahme des Kindes während der Betreuung. Solche Aufnahmen dienen der Bildungs- und Entwicklungsdokumentation der Kinder und sind Eigentum des Trägers. Sollen Aufnahmen, insbesondere für kommerzielle Zwecke des Trägers genutzt werden, wird der Träger vorab eine entsprechende Einwilligung der Erziehungsberechtigten einholen. Der Träger sichert zu, dass Aufnahmen archiviert und bei fehlender Verwendungsabsicht vernichtet werden.

Darüber hinaus ist die Zulässigkeit von Bild- und Filmaufnahmen in den Einrichtungen in der Hausordnung geregelt.

Einladung zum Elternabend

Einladung zum Elternabend

Liebe Eltern,

hiermit laden wir sie recht herzlich zu unserem Elternabend am _____

um _____ Uhr ein.

Die Gruppe hat folgende Themen:

_____

_____

_____

_____

_____

_____

Wir freuen uns auf Ihr zahlreiches Erscheinen!

Ihre Kinder können im Spätdienst bis _____ Uhr betreut werden.

Ihr Team   _____
                              Name der Einrichtung

Tagesordnung

Sitzungsleiter: _____

Protokollführer: _____

Tagesordnung für die Sitzung am .... um .... Uhr				
TOP Nr.	TOP	verantwortlich	Anmerkungen	Erledigungsvermerk
1.				
2.				
3.				
4.				
5.				
6.				
7.				
8.				
9.				
10.				

Sitzungsprotokoll

Bezeichnung: _____

Ort: _____   Beginn: _____

Datum: _____   Ende: _____

Vorsitz: _____

Protokollführer: _____

Teilnehmer:

_____

Tagesordnung

_____

Verlauf/Beschlüsse:

_____

_____

_____

_____

Die nächste Sitzung findet statt:

Ort _____   Vorbereitung durch: _____

Datum: _____   Leitung: _____

Uhrzeit: _____   Protokoll: _____

_____   _____
Datum/Unterschrift Protokollführer/-in   Datum/Unterschrift Vorsitzende/-r

Anlagen: _____

Verteiler: _____

Teilnehmerliste

Veranstaltung: _____

Ort: _____

Datum: _____ Start: _____

Thema: _____

Leiter: _____

Nr.	Name	Bereich	Unterschrift	Bemerkungen/ Gründe für Fehlzeiten
1				
2				
3				
4				
5				
6				
7				
8				
9				
10				
GÄSTE				
1				
2				
3				

Elternbrief

Elternbrief für den Monat _____

Aktuelles aus der Einrichtung _____

Name der Einrichtung

Guten Tag, liebe Eltern,

mit diesem monatlichen Elternbrief informiere ich Sie über die neuesten Informationen aus unserer Einrichtung. Ich wünsche Ihnen viel Spaß beim Lesen!

Personalsituation:

_____

_____

Neues aus der Einrichtung:

_____

_____

Für diesen Monat sind folgende Veranstaltungen geplant:

_____

_____

Folgende Kinderkrankheiten wurden gemeldet:

_____

_____

Alle Elterninformationen stelle ich Ihnen sowohl als E-Mail als auch per Aushang an unserer Infowand zur Verfügung.

Mit freundlichen Grüßen

_____

Einrichtungsleitung

Bitte mitbringen:

☑ Windeln

Bitte mitbringen:

☑ Creme

Bitte mitbringen:

☑ Wechselwäsche

Vorlagen: Kopieren, Ausschneiden und Laminieren

Ankreuzzettel

Name des Kindes: _____

Datum: _____

☐ geschlafen

Ich habe heute _____ Std. geschlafen.

☐ gegessen

Was ich heute gegessen habe:

_____

_____

☐ Geschäft verrichtet

Tagesrückblick

Gruppe: _____

Datum: _____

Unsere Erlebnisse vom Tag:

_____

_____

_____

_____

_____

Welche Kompetenzen fördern wir:

_____

_____

_____

_____

_____

_____

Projektformular

Was wollen wir wissen?

Projektformular

Was denken wir darüber?

Projektformular

Wo erfahren wir etwas darüber?

Projektformular

Was wissen wir nun?

Teampräsentation

Gruppe: _____

Foto	**Foto**
Foto	**Foto**

Name: _____

Name: _____

Name: _____

Name: _____

Name: _____

[Dieses Formular bitte auf A3 ausdrucken!]

Angebotsplanung

Gruppe	Montag	Dienstag	Mittwoch	Donnerstag	Freitag

Stand: _____

Wochenplan

Einrichtung: _____ Gruppe: _____ vom: _____ bis: _____

	Montag	Dienstag	Mittwoch	Donnerstag	Freitag	Veranstaltungen
Frühdienst						
Pädagogische Angebote						
Spätdienst						Geburtstage
Abwesend						

Lotusplan

Einrichtung: _____

Monat: _____

Erstellt am: _____

Termine: _____

ANGEBOTE

SCHWERPUNKTE

Monatsthema

Meine Familie

Name: _____

Datum: _____

Wer gehört zu deiner Familie?
Male Bilder oder sammle Fotos von allen Mitgliedern deiner Familie.

Geschafft! Gelernt!

Name: _____

Datum: _____

Alleine Anziehen, Schuhe zubinden, Fahrradfahren, Pfeifen, oder, oder …
Was hast Du tolles gelernt? Und wie hast Du es gelernt?
Diktiere es deiner Erzieherin oder male es auf.

Bestätigung der Erzieher: _____

Das bin ich

Name: _____

Datum: _____

Ich heiße: _____

So alt bin ich gerade: _____

So groß bin ich gerade: _____

So viel wiege ich: _____

Meine Haarfarbe: _____

Meine Augenfarbe: _____

Das möchte ich noch über mich erzählen:

_____

_____

Vielleicht sehe ich später so aus:

Als Erwachsener möchte ich werden: _____

Meine Unterschrift: _____

Foto

Gesprächsbogen für Eltern

Ausgefüllt von: _____

Datum: _____

Wie schätzen Sie die Situation Ihres Kindes in der Einrichtung ein?

_____

_____

Welche Wünsche, Sorgen und Ziele sollten wir besprechen?

_____

_____

Wie ist die Situation des Kindes daheim?

_____

_____

Gibt es gesundheitliche Fragen zu besprechen?

_____

_____

Wie schätzen Sie die Entwicklung Ihres Kindes derzeit ein?

_____

_____

Über welche Aspekte der pädagogischen Arbeit würden Sie gerne mehr erfahren?

_____

_____

Protokoll Entwicklungsgespräch

Ausgefüllt von: _____ Kind: _____ Tag: _____ Zeitraum: _____

Teilnehmer: _____

	Damit beschäftigt sich das Kind gerade häufig und gern	Diese Fähigkeiten entwickelt das Kind gerade und trainiert sie	Das könnte das Kind fördern und im weiterem Lernen unterstützen	Das werden wir konkret tun, um das Kind in seiner Entwicklung zu unterstützen
Krippe				
Eltern				
Auswertung				

Einwilligungserklärung zur Herstellung, Veröffentlichung und Verbreitung von Foto-, Film- und/oder Tonaufnahmen

Name der erziehungsberechtigten Person 1: _____

☐ Ich habe das alleinige Sorgerecht

Name der erziehungsberechtigten Person 2: _____

Name der abgebildeten Person: _____

Anschrift: _____

Einverständnis zu Foto-, Film- und Tonaufnahmen
Hiermit erteile/n ich/wir mein/unser Einverständnis zur Anfertigung von Foto-, Film- und/ oder Tonaufnahmen vom o.g. Kind:

Inhalt: _____

Art der Aufnahme: _____

Produzent: _____

Ort, Datum: _____

_____	_____	_____
Unterschrift erziehungsberechtigte Person 1	Unterschrift erziehungsberechtigte Person 1	Unterschrift Kind ab 10 Jahren

Übertragung Nutzungsrecht am eigenen Bild
Hiermit willige/n ich/wir in die Nutzung der Aufnahmen durch _____ (Firma/Produzent) für folgende/n Zweck/e ein **(eine Nutzung erfolgt nur für diesen Zweck)**:

Ort, Datum: _____

_____	_____	_____
Unterschrift erziehungsberechtigte Person 1	Unterschrift erziehungsberechtigte Person 1	Unterschrift Kind ab 10 Jahren

Danksagung

Die Autoren bedanken sich für die intensive Unterstützung von Roman Obst und Marian Schroeder. Roman Obst arbeitet als Social-Media-Experte und steuerte die Begriffsdefinitionen sowie die Regeln zum Umgang mit Kritik im Internet und die Regeln zur kindergarteneigenen Internetseite bei.

Marian Schroeder arbeitet im IT-Bereich und hat die Empfehlungen zum Umgang mit Apps geschrieben. Beiden ist wichtig, dass Kindergärten in der digitalen Welt gut vorankommen und sich im Umgang mit digitalen Medien immer sicherer fühlen. Daher haben sie unser Buchprojekt mit viel Eifer und Elan unterstützt.

Matthias Heyde hat die Poster, Laminiervorlagen und den Ankreuzzettel in diesem Buch gestaltet und hofft, dass sie im Kindergartenalltag hilfreich eingesetzt werden. Vielen Dank dafür!

Autoren

Antje Bostelmann

Antje Bostelmann ist ausgebildete Erzieherin und bildende Künstlerin. 1990 gründete sie Klax, anfangs als private Malschule und Nachmittagsbetreuung mit künstlerischem Schwerpunkt, heute ein überregionaler Bildungsträger mit Krippen, Kindergärten und Schulen in Deutschland und Schweden. Sie entwickelte die Klax-Pädagogik, ein modernes pädagogisches Konzept, welches das Kind in den Mittelpunkt der pädagogischen Arbeit stellt und das allen Einrichtungen von Klax zu Grunde liegt. Sie entwickelt Lern- und Spielmaterialien für die Arbeit in Kindergarten und Krippe und gibt als Referentin bei Kongressen, Workshops und Fortbildungen ihre Erfahrungen und Ideen weiter. Seit 1995 hat sie zahlreiche pädagogische Fachbücher veröffentlicht, darunter viele Bestseller. Antje Bostelmann ist Mutter von drei Kindern und lebt in Berlin.

Dr. Christian Engelbrecht

Christian Engelbrecht hat Literatur- und Theaterwissenschaft an der Universität Leipzig studiert und wurde zum Dr. phil promoviert. Er hat anschließend als Theaterdramaturg, Theaterpädagoge und als Hochschuldozent gearbeitet. Er ist Mitarbeiter in der pädagogischen Entwicklung bei Klax.

Buchempfehlungen

■ **Elternabende in der Krippe mühelos meistern. Material und Arbeitshilfen zur erfolgreichen Gestaltung**
Antje Bostelmann, Michael Fink
Bananenblau 2014
ISBN 9783942334297

■ **Gute Kita gemeinsam gestalten. Ein Buch über Qualität für Eltern und Erzieher**
Antje Bostelmann, Michael Fink, Gerrit Möllers
Bananenblau 2015
ISBN 9783942334419

■ **So gelingen spannende Bildungsprojekte im Kindergarten. Eine Schritt-für-Schritt-Anleitung**
Antje Bostelmann, Christian Engelbrecht
Bananenblau 2016
ISBN 9783942334594

■ **Miteinander reden 1: Störungen und Klärungen. Allgemeine Psychologie der Kommunikation**
Friedemann Schulz von Thun
Rowohlt 2010
ISBN 97833499174896

■ **Internet, aber richtig! Sicher im Netz unterwegs**
Thomas Feibel
Ravensberger 2014
ISBN 9783483553822

■ **Die Kunst, Vertrauen zu schaffen: Wie man Freunde gewinnt in Zeiten des Internets**
Dale Carnegie & Associates
Fischer 2013
ISBN 9783596195091

■ **Inside Big Data: Unsere Daten zeigen, wer wir wirklich sind**
Christian Rudder
Carl Hanser 2016
ISBN 9783446444591

■ **Bloggen für Anfänger. Blog erstellen leicht gemacht**
Jonas Engel
Kindle E-Book

■ **Stufenblätter für die Krippe**
Antje Bostelmann
Bananenblau 2010
ISBN 9783942334013

■ **Stufenblätter für Kita und Kindergarten**
Antje Bostelmann
Bananenblau 2010
ISBN 9783942334020

■ **Das Portfolio-Konzept für Kita und Kindergarten**
Antje Bostelmann
Verlag an der Ruhr 2007
ISBN 9783834601995

■ **Das Portfolio-Konzept für die Krippe**
Antje Bostelmann
Verlag an der Ruhr 2008
ISBN 9783834604132

■ **So gelingen Portfolio in der Krippe**
Antje Bostelmann
Verlag an der Ruhr 2009
ISBN 9783834604668

■ **So gelingen Portfolios in Kita und Kindergarten**
Antje Bostelmann
Verlag an der Ruhr 2007
ISBN 9783834603227

© ilike - Fotolia.com

Portfolioarbeit
in Krippe und Kindergarten

Erfolge festhalten und Lernziele sichtbar machen: Das sind die Grundziele der Portfolioarbeit. Dieser Workshop richtet sich an Erzieher/-innen in Krippe und Kindergarten, die sich mit innovativen Kitakonzepten beschäftigen und auseinandersetzen wollen.
Sie lernen die Portfolioarbeit als Kerninstrument für das Gelingen einer transparenten und herausragenden Bildungs- und Elternarbeit kennen. Mit Hilfe der Methode „Lernen mit Zielen" sowie der Arbeit mit Stufenblättern kann die Gestaltung des Individuellen Entwicklungs-plans (IEP) gelingen.

Sie wollen weitere Informationen zu unseren Angeboten erhalten? Dann kontaktieren Sie uns. Wir bieten Workshops, Vorträge, Fachtage, Hospitationen und vieles mehr an.

Eine Pädagogik für die Zukunft

Institut für
KLAX®
Pädagogik

Institut für Klax-Pädagogik

Arkonastr. 45-49, 13189 Berlin
Tel.: 030/4796-146
Fax 030/477 96-204
institut@klax-online.de
www.klax-institut.de

Facebook: Institut für Klax-Pädagogik